JN023299

CORPORATE GOVERNANCE

最近の企業不祥事

不正をなくす
社外取締役・監査役とは

柏木 理佳

税務経理協会

はしがき

　近年，日本企業では不祥事ラッシュが続いている。監査役会設置会社から指名委員会等設置会社へ移行したり，社外取締役を設置する企業も増えているが，その実効性には疑問をもっている方も多いであろう。

　2015年からコーポレートガバナン・スコードでは社外取締役の2人以上の設置が求められているが，設置しない企業は「comply or explain（従わなければ説明せよ）」に従い，株主総会でその理由を述べれば許されていた。それが2020年からは，社外取締役設置が義務化されるだけでなく，対象企業も増えた。監査役会があり，株式の譲渡制限がない企業，資本金が5億円以上及び負債総額200億円以上の企業，有価証券報告書の提出義務がある企業が対象になった。

　すでに社外取締役を設置している企業もあるが，形式的な設置にとどまっている企業が多い。企業側の社外取締役に対する受入体制が充分ではないため，社外取締役は監査・監督機能を発揮できていないケースが多い。

　そもそも，社外取締役に対して業績促進効果を期待している企業が多く，監査・監督機能，モニタリング機能は期待していない企業が多い。そのため取締役の業務内容やスケジュールを知らせることもなく，必要な社内情報を提供しない企業も多い。社外監査役などとの連携も不十分で，結果，不正抑制効果もないばかりか，不祥事発覚後の対応も遅れている。

　それでも，社外取締役が不正発覚や再発防止などに役立っている企業もある。

　不祥事が増加している今だからこそ，社外取締役をうまく活用する必要がある。そうでなければ高い報酬を払うという副作用がでるばかりだ。

　本書では実効性の高い社外取締役・監査役の選任方法，活用方法と粉飾企業のケーススタディを元に社外取締役・監査役の抑制効果を検証する。

　近年の不祥事企業の特徴と社外取締役の抑制効果として，最近の不祥事の傾向と特徴を分析し，その不祥事企業のコーポレート・ガバナンスの状況につい

て確認した。

　社外取締役の人数，配置などを確認すると，社外取締役など外部役員が経営陣の抑制効果が発揮できない形式的な設置にすぎない企業が多く，起きるべくして起きた不祥事であることもわかる。どうか，これらを確認し，社外取締役に高い報酬を支払うだけでなく，監査・監督機能の実効性が高まるような配置，責任を与えて欲しいと切に願う。

　監査役会設置会社から監査等委員会設置会社，指名委員会等設置会社に移行する企業が増加する中，監査委員会において会計士の社外取締役を委員長に任命し，権限を与えることが必要である。欧米では監査委員会の全員が社外取締役で占められている企業もあり，経営陣がモニタリングされることを当然のことと構え，外部役員を受け入れる体制が整備されている。

　監査役会設置会社においては，会計士や財務経験者の社内外の監査役を選任していない企業も多い。

　こうした日本企業のコーポレート・ガバナンスの未整備の取り組み，強い組織文化が不正を促進し，また不正発覚を遅らせている。

　最後に，刊行にあたり，税務経理協会の峯村英治さまに大変お世話になりました。この場をおかりしてお礼申し上げます。

　　令和2年2月

　　　　　　　　　　　　　　　　　　　　　　　　柏木　理佳

2

目　　次

1

最近の企業不祥事

不正をなくす社外取締役・監査役とは

柏木　理佳

第1章　近年の不祥事企業の特徴と
社外取締役の抑制効果

① 不祥事企業の抑制方法

1　監査役会設置会社で不正会計が減らない理由

(1)　会計監査法人における会計士不足

　不祥事企業の多くが体質改善できず，強い組織文化に浸かっているケースが多い。そのため上司の指示が不正だと認識していても断ることができず，不正行為をする例は多い。したがって，必然的に関与者は増える。組織ぐるみの不正は，正しいことも悪いこともわからなくなり，認識がマヒしている企業に起こるべきして起きている。不正取引は個人で行うことが多い中国，アメリカと異なり，組織ぐるみの不正行為は日本だけに多く，日本独特の問題である。

　東京商工リサーチによると，不適切な会計・経理を発表した企業は2019年1月から12月末までで70社と2018年54社に比べて16社増えている。過去10年で2.7倍に増加している。監査役会設置会社が多い日本において，外部監査が早期に発見すれば，不適切会計に至らなかった可能性があるが，それができない背景には，人手不足という問題がある。

　なぜ，監査役会設置会社で不正が多いのか。それは，監査の質が悪化していること，それに優秀な会計監査をする人材が不足しているという背景がある。それによって，まともな会計監査ができず，企業に悪影響を及ぼしているのである。

　日本において上場企業が監査法人へ支払った平均監査報酬は6,600万円である。しかし，これはアメリカと比べると4分の1にすぎない。欧米では監査法人による財務情報の開示の不備が発覚されると大きな責任を持つペナルティの金額も高額だ。担当の企業から訴訟されることもあり，常にリスクと隣り合わせである。そのため高い報酬をもらわないと割に合わないのである。日本の場

合，報酬が低いのにリスクが高いため，優秀な会計士が監査法人に勤務したがらず，個人経営者になったり，一般企業の経理部などにつくことが多く，監査法人の監査の質そのものが落ちている。公認会計士試験の2019年の出願者は1万2,532人と，10年の半数以下に減少，そもそもなりたい人も減っているのだ。今後もこの傾向はしばらく続くことが懸念される。会計監査法人に任せていれば監査は正確に行われるという神話はすでに崩れていることを理解すべきである[1]。

(2) 不祥事後の株価の推移と不正抑制効果

　大企業で株式保有していない経営者においては，不正を行えば役員退職慰労金額は減少する。退職金は勤務期間が長いほど増加するため，不祥事を起こせばその退職金などの報酬も失われる懸念もある。しかし，同時に株式保有比率が高い独裁的経営者などにおいては，長期間，経営陣としての地位があると，その地位への満足感が減り，いつの間にか慢性化し，地位への安心感から自分の利益を追求することになる。

　経営者の不正抑制効果に関する研究には，Shleifer and Vishny (1989) が，「CEOの経営者の任期が長いため地位の安定性が高くなる。それによりエントレンチメント・コストが増加して，自己利益を追求するように」と指摘している[2]。エントレンチメント・コストとは後述するエージェンシー関係による利害関係が関連してくる。特に経営者や独裁的経営者及び創業者は，外部からのチェックや干渉を嫌い，あらゆる方法で排除することを考える。このような行動において，ある程度，外部からの干渉を食い止めようとする経営者を，エントレンチされた経営者と呼ぶが，エントレンチ (entrench) とは，侵害する (trespass)」という意味で使われ，エントレンチメントによって多少の企業価値の低下が起こることが予想されるが，それでも経営者は経営に関する決定権があり，経営権を維持し続けることが可能となるため，エントレンチメントが行うことが可能になる。企業のパフォーマンスを最も高めることへのガバナンス構造がコーポレート・ガバナンスであるが，そこでどうしても重要なのが経

4

営者のエントレンチメントとインセンティブのバランスである。

　実は，不祥事の後，その企業の株価は下がるが，7割の企業の株価は3か月後に戻っている。小佐野・堀（2006）によると，多くの不祥事企業の株価は，たった数か月で元の水準に戻る。そのため，不法行為に対して絶対的にやってはいけないという意識よりも，自分が役員の時期だけ業績をよく見せればいい，というその場しのぎの考えに陥る。つまり株価が元に戻ることを知っている経営者は，抑制するインセンティブにならないのである。確かに株主も，経営者のモニタリング機能，不正追及，退任させるよりも業績回復を重要視していることが多く，結局，経営者はやりたい放題になっていることもある。また，Boone, Field, Karpoff and Raheja（2007）は，社長の影響力が大きい企業では社外取締役数が少なく，モニタリング効果が低いと指摘，社外取締役の持株比率が高いと，社長の影響力を抑制できると指摘している。また，柏木（2015）も日本と同様に中国の不祥事企業は優良企業より社外取締役の比率が低いと指摘した。また，中国不祥事企業の半数が経営者の不正によるものであり，社外取締役の監査・監督機能に影響を与えていると指摘した。

　以上のような問題が背景にある中で，この章では，具体的な企業の不正内容を確認し，不祥事発覚後の対策と社外取締役の役割について述べる。

2　増加する独占禁止法違反

(1)　独占禁止法違反企業の社外取締役

　2019年，2018年の不祥事では，独占禁止法違反（不当な取引制限）と景品表示法違反（優良誤認）が目立った。

　デフレ脱却を目指しながら物価が上昇する中，個人の消費は安いものを求めている。企業も利益を出すために，価格に敏感になっている。独占禁止法は，あらゆる業界で見られた。

　例えば，ビール，清涼飲料水などの特定アルミ缶と特定スチール缶の製造販売業者の製缶大手の3社に缶容器の販売に対して価格カルテルを結び不当な取引制限である独占禁止法と認定した。3社は東洋製罐，ユニバーサル製罐及び

北海製罐である。大和製缶では，違反行為を自主的に申告したとして処分を免れた。公正取引委員会は，再発防止を求める排除措置命令及び257億2,356万円の課徴金納付命令を出した。

① 東洋製罐のガバナンス

金属製品の業種として東証一部上場の東洋製罐には，取締役14人も存在し，そのうち5人が社外取締役である。その社外取締役の中で4人が独立社外取締役である。その4人は会計士，弁護士，税理士，元外交官と経営戦略を専門とした大学教員である。会計士は存在しない。

東洋製罐は，監査役会設置会社であり，監査役は4人でそのうち2人が社外の監査役である。1人は会計士で，残りの1人は経営者としての知識をいかしてもらうために選んだ人である。

株式所有構造をみると，外国人株式保有比率は20％から30％となっている。その他，信託銀行が20％あまり，関連企業組織が20％弱，その他は金融関係となっている。株式の構造からみると，外国人の保有比率が多いということは，一般的には，コーポレート・ガバナンスに厳しく取り組んでいる企業が多いはずである。しかし，業績を重んじて株価上昇のみに期待，圧力をかける傾向にある。外国人投資家からも問題視されている中，持株保有比率も高く，東洋食品工業短期大学や東洋食品研究所，東洋インキ食品ホールディングスが株式を保有している。取引先や下請け会社などが持ち株をすることは，敵対的買収を避ける利点はあるが，本来の業績や企業価値がわかりづらくなる。

② ユニバーサル製罐のガバナンス

他方，東証二部上場で監査役会設置会社のユニバーサル製罐には，取締役は10人いて，そのうち社外取締役は3人，さらに独立社外取締役は2人である。1人は総務省での経験はあるが会計士でなく，1人は独立性が低い取引先の商社の部長，もう1人は，預金保険機構での経験により，現在，損害保険の顧問をしている。商社の部長以外は独立性が高いとしているが，独立性は企業の判断にゆだねられていることから，その独立性の条件は厳しいとはいえない。

監査役は4人でそのうち3人が社外監査役である。2人は独立性が高い社外

監査役としている。3人のうち1人のみが税理士であり，その他の2人は会計士でもない。1人は，金融機関で，元取引先だったが，現在は違うとして独立性が高い独立社外監査役としている。選任方法や独立性基準について厳しいとはいえず，監査・監督機能，コーポレート・ガバナンスにも不安を感じる。

③　北海製罐のガバナンス

また，北海製罐のホッカンホールディングスは，金属製品の業種で東証一部に上場，監査役会設置会社である。取締役は8人，そのうち社外取締役は4分の1の2人のみである。2人は独立性が高いと認めた独立社外取締役である。弁護士と会計の知識を有した2人である。報酬検討委員会が設置されているが，社内の取締役2人のみが委員のメンバーであり，社外取締役はメンバーではないことから社外取締役には全く影響力がないことがわかる。

監査役は4人で，そのうち2人が社外監査役であり独立性が高い独立社外監査役として認められている。2人とも弁護士でありそのうち1人は顧問弁護士であり，監査をするための会計士はいない。顧問弁護士をわざわざ社外監査役に選任する例もあまりないが，監査のプロセスで全く期待していないことがわかる。株式保有構造でみると，外国人株式保有率は10％以下で，金融機関がほとんどを占めており，取引先が数％である。

上記のようにコーポレート・ガバナンスの面から株式保有比率，また社外取締役や監査役能力，資格などから何を期待しているのかなどを確認したが，不正は起こるべきしておきたのかもしれないという企業も浮かび上がる。

不祥事前の日産などにおいてもそもそもコーポレート・ガバナンスの機能が働いておらず，社外取締役に期待していなかったことが話題になっていたが，形式的な設置でしかない企業は，今後，不祥事企業候補者でもあるといえる。

④　J．フロントリテイリングのガバナンス

さらに，初めて公正取引委員会が学生服をめぐる価格カルテルで立ち入り検査したのは，制服販売店である。豊田市の県立高校の制服について，指定販売業者のJ．フロントリテイリングの子会社の大丸松坂屋百貨店や大丸松坂屋セールスアソシエイツなどが制服を購入する入学前のシーズンはいっせいに価

格を上げるなど価格カルテルを結んだとして，独占禁止法違反行為があった。

　Ｊ．フロントリテイリングの株式保有構造をみると，外国人株式保有比率は10％以上20％未満で，その他は金融機関が占めている。Ｊ．フロントリテイリングは東証一部上場の指名委員会等設置会社である。取締役13人のうち６人が独立社外取締役である。しかし，弁護士，コーポレート・ガバナンスの専門家，グローバル戦略，経営戦略などに期待して選任した独立社外取締役であり，会計士はいない。指名委員会等設置会社であるため，監査委員会で独立社外取締役が重要な役割を果たすはずであるが，会計士の社外取締役が存在していない。メンバーは，社外取締役３人と取締役２人の合計５人である。指名委員会等設置会社に移行したのは形式的な設置でしかない。

　その他，道路舗装工事のアスファルト合材の販売において，道路舗装大手の前田道路など９社が価格カルテルを実施していたとして独占禁止法違反（不当な取引制限）で，違反行為を自主的に申告したNIPPO以外の８社に過去最高額となる計398億9,804万円の課徴金納付命令が下された。これは，今まで何度も同じような内容で独占禁止法違反として処分受けているというのに，懲りずに，再発している現状を踏まえて，過去最高の金額に設定した。

　本社，支社，工場など組織的に，綿密に情報交換していたことを認定，情報交換への監視態勢整備を求める異例の排除措置命令も出した。鹿島道路，日本道路，大成ロテック，大林道路，東亜道路工業，世紀東急工業，ガイアート，前田道路である。

　各社のコーポレート・ガバナンスの現状を確認するが，実は，後述するが，建設業界が最も不正が多い業界である。

　⑤　鹿島道路のガバナンス

　鹿島道路は2016年度から2018年度まで売上高は伸びているが，経常利益は2017年で減少している。鹿島道路は未上場で，鹿島建設の完全子会社である。鹿島建設は東証一部上場の監査役会設置会社であり，取締役13人に対して３分の１近くが社外取締役で４人，そのうち全員が独立社外取締役である。弁護士１人以外は，商社，製作所，外資系投資銀行の経営の経験者であり，経営戦略

の面で期待していることがわかる。会計士は存在しない。

　任意で設置された監査委員会，指名委員会に独立社外取締役はメンバーではあるが，会計士がいないことから監査プロセスへの期待はない。

　監査役は５人のうち社外監査役は３人，そのうち独立監査役は３人である。公安調査庁長官，仙台高等検察庁検事などの経験者や取引先であった銀行や保険会社の経営者であり，現在は独立性が認められるとして独立社外取締役としている。会計士はいない。

⑥　日本道路のガバナンス

　次に，日本道路株式会社の株式構成をみると，外国人株式保有比率は20％から30％で，東証一部上場で監査役会設置会社である。取締役は６人のうち２人が独立社外取締役で弁護士と上場会社の元経営者である。会計士は存在しない。任意の指名委員会と監査委員会が設置されているが，それぞれ５人のメンバーのうち２人が独立社外取締役，委員長は社内の取締役であり，社外の取締役の権限，影響力は大きくないことがわかる。

　監査役は４人で，そのうち３人が社外の監査役である。そのうち独立性が高いとされているのは１人である。独立社外監査役は元国税局勤務で，現在，税理士である。その他，元取引先の銀行や大株主からも選ばれている。

⑦　大成ロテックのガバナンス

　次に，大成ロテックについて確認すると，大成ロテックは大成建設のグループ会社であるが，大成建設のコーポレート・ガバナンスをみると，外国人株式保有率は30％以上である。取締役12人のうち社外取締役は４人で独立社外取締役である。外交官の経験，また大手上場企業の経営者としての経験からグローバル戦略や経営戦略を期待して選任しており，独立社外取締役に会計士，弁護士は存在しない。任意の指名委員会，監査委員会にそれぞれ８人のメンバーがいるが，そのうち４人が独立社外取締役であり，委員長としても一任している。しかし，そもそも監査委員会の委員長であっても会計士，財務経験者の独立社外取締役がいないため，それらの監査プロセスのチェック機能は果たすことができない。

そのかわり監査役が６人もおり，そのうち，社外の監査役は４人を占めている。大手金融グループの経営者の経験，土木工学研究者，警察関係者としての経験と会計士１人である。監査としては会計監査１人だけで，監査というよりリスク管理のために警察関係者などを選任している。むしろ社外取締役としての役割を期待して選んだ６人のようである。

　独立社外取締役４人のうち経営戦略を期待して選任し，その監査・監督機能として期待しておらず，その効果もないことがわかる。

　⑧　大林道路のガバナンス

　また，大林道路の株式構成とコーポレート・ガバナンスを確認する。大林道路は数年前に上場廃止，大林グループのTOBで完全子会社になり，親子上場を避けた形になった。外国人株式保有率は30％以上で，いまだ創業者が数％保有している。また日本トラスティ・サービス信託銀行へ大きく依存している。東証一部上場で監査役会設置会社である。取締役が10人で，そのうち３人が独立社外取締役である。３人とも大手企業の経営の経験があり，経営戦略として選んでいる。会計士，弁護士，リスク管理対応のため選任していないことから，その対策はみられない。任意で設置している指名委員会，監査委員会にはそれぞれ５人がメンバーで３人は独立社外取締役で占められており，委員長も独立社外取締役である。委員長であることで，決定権がある。大事な役員の報酬を決定することを独立社外取締役である委員長に一任すると，上下関係の利害関係において，それなりに影響力を与えることもでき，能力を発揮しやすくなるだろう。しかし，監査委員会においては，会計士の資格のない独立社外取締役が委員長であっても，チェック機能が働かず，形式的な設置にすぎない。

　監査役に関しては，５人がいるが，そのうち３人が社外監査役であり，３人が独立性がある。会計士は１人いるが，その他は元通産相，元国土交通省が選ばれていることから，監査そのもののプロセスよりも利害関係のために選任されていることがわかる。

　⑨　前田道路のガバナンス

　その他，前田道路の株式保有構成をみると，外国人株式保有率は20％から

30％で東証一部上場で監査役会設置会社である。取締役13人のうち独立社外取締役はたった２人であり，６分の１以下でしかない。このことから独立社外取締役の影響力はほとんどないことがうかがえる。１人は弁護士で，残りの１人は経営者としての経験が選任の理由である。監査委員会は任意で設置されており，６人のメンバーだが，社内の取締役が委員長であるため，社外取締役は２人いるが，意見は述べられても反映されるかわからない。委員長が社内の取締役である限り形式的設置でしかない。

　監査役には５人いるが，そのうち２人が社外の監査役で独立性は低い。つまり関係者を社外監査役として設置しており，その客観的な監査機能に効果があるのか疑問ではある。元国税庁関係者と，顧問弁護士であり，監査ができる会計士，財務経験者はいない。

　その他，東亜道路工業や世紀東急工業，ガイアートが独占禁止法違反で処分を受けた。

　さらに，初めて公正取引委員会がジェネリック医薬品（後発薬）販売価格でも不正に取り決めるカルテルを結んだとして，製薬会社コーアイセイも独占禁止法違反で認定された。日本ケミファもカルテルに関わったと認定されたが，日本ケミファは自主申告した経緯から行政処分を見送られた。

　以上が製造販売業者やアスファルトや制服の販売において，独占禁止法を実施し立入検査及び処分を受けた企業についてガバナンスの点から確認したが，共通点は監査・監督として充分な能力のある社外取締役，監査役を設置していない。また，監査役会設置会社が多いことである。これらをみるだけでも外部役員等が不正を抑制できないことも納得できる。

(2)　下請法違反の内容

　独占禁止法とは，私的独占の禁止，また公正取引の確保に関する法律において，公正で自由な競争を促進し事業者が自主的な判断で自由に活動できるようにするためのものである。

　私的独占とは，独占禁止法第３条前段で禁止されている行為である。事業者

が他の事業者と共同で不当な低価格販売などの手段を用いて競争相手や新規参入者を妨害し独占しようとする方法が目立つ。中でも「カルテル」はライバル企業が相互に価格，販売，生産量などを決めることで，本来は，自分で自主的に決めるべき商品やサービスの内容，価格設定ができずに市場経済が成り立たなくなる。これに対して「入札談合」とは，公共工事などに対して，事前に受注事業者である建設会社などが受注金額などを決める行為であり，最近ではこれにプラス下請業者に対する親事業者の不当な取扱いを規制する「下請法」が増えている。

公正取引委員会によると下請法の対象となる取引は事業者の資本金規模と取引の内容で定義されている。

親会社においては，たとえ下請業者の了解を得ていたとしても，またお互い違法性の意識がなくても，以下の規定に触れると下請法に違反することになる。

親会社が下請会社から，すでに受注，委託した商品などを納入された時に，やはり不要になったと受領を拒むと下請法違反となる。また，注文した親会社は，物品などを受領した日から，60日以内に定めた支払期日までに下請代金を全額支払わないと下請法違反となる。親事業者は発注時に決定した下請代金を「下請事業者の責に帰すべき理由」がないのに，発注した後に減額すると下請法違反となる。瑕疵など明らかに注文した商品とイメージが違っているなど，よほど責任が下請業者にある場合以外，返品すると下請法違反となる。さらに発注時，代金を決定するとき，その商品サービスの内容と同類のライバル企業に対して支払う対価に比べて著しく安い金額を不当に定めることも下請法違反になる。また，正当な理由がないのに，指定する原材料などを強制的に下請業者に購入させたり，また何らかの対価を支払わせると購入・利用強制として下請法違反となる。下請法違反行為を公正取引委員会などに報告したことに対して，今後の取引を停止したり，取引数量を減じることも下請法違反となる。これらは発注会社が常に接待されたりしていると，しだいにわがままがエスカレートし，その利害関係からこのような状況になることが多い。

表1－1　下請け法違反のケース

受領拒否（第1項第1号）	注文した物品等の受領を拒むこと。
下請代金の支払遅延（第1項第2号）	下請代金を受領後60日以内に定められた支払期日までに支払わないこと。
下請代金の減額（第1項第3号）	あらかじめ定めた下請代金を減額すること。
返品（第1項第4号）	受け取った物を返品すること。
買いたたき（第1項第5号）	類似品等の価格又は市価に比べて著しく低い下請代金を不当に定めること。
購入・利用強制（第1項第6号）	親事業者が指定する物・役務を強制的に購入・利用させること。
報復措置（第1項第7号）	下請事業者が親事業者の不公正な行為を公正取引委員会又は中小企業庁に知らせたことを理由としてその下請事業者に対して、取引数量の削減・取引停止等の不利益な取扱いをすること。
有償支給原材料等の対価の早期決済（第2項第1号）	有償で支給した原材料等の対価を、当該原材料等を用いた給付に係る下請代金の支払期日より早い時期に相殺したり支払わせたりすること。
割引困難な手形の交付（第2項第2号）	一般の金融機関で割引を受けることが困難であると認められる手形を交付すること。
不当な経済上の利益の提供要請（第2項第3号）	下請事業者から金銭、労務の提供等をさせること。
不当な給付内容の変更及び不当なやり直し（第2項第4号）	費用を負担せずに注文内容を変更し、又は受領後にやり直しをさせること。

出所：公正取引委員会「親事業者の禁止行為」を参考に筆者作成。

3　景品表示法違反

　景品表示法違反（優良誤認）では、レンタル大手のTSUTAYAがインターネットの動画配信サービス「TSUTAYA TV」の広告で「動画見放題」と宣伝したが実際には、動画が見られるのは、配信する動画約3万本のうち最大でも27％でしかなかったということがあった。

　過去にも「TSUTAYA 光」というインターネット接続サービスについて

2015年2月から2017年11月までの期間内に契約すれば，毎月割り引くと表示していたが，実際は異なっており有利誤認があったとされている。TSUTAYAは，図書館運営委託を受けているが，図書館でも不適切な本を選んだとして不祥事もあった。

Tポイントカードにおいても令状なしで警察に提供したとして問題視された。不祥事続きであるが，これらは，常に過去の過ちを十分に認識しておらず，軽視していることが背景にある。

① 株式会社TSUTAYAのガバナンス

ここでコーポレート・ガバナンスや株式構成をみると，1983年に「蔦屋書店（現・TSUTAYA枚方駅前本店）」を創業した株式会社TSUTAYAの取締役は11人で，社外取締役1人，監査役1人のみであるが上場していない。レンタルビデオの売り上げには限界が出ている中，カルチュア・コンビニエンス・クラブ（CCC）のグループ会社も上場廃止した。

株主により厳しい指摘を受けながら透明度を高めるための年報などの公開情報への提供よりも自由な経営を選んでいる。

CCCは，社外取締役2人と取締役7人と非常勤取締役が1人，監査役が1人でマネジメントしているのみである。株式会社TSUTAYAはCCCエンターティメントが100％の株主である。つまりグループ会社両方をみているため，監査・監督機能が難しいということがわかるだけでなく，情報公開せずに利益を中心にした経営方針であり，コーポレート・ガバナンス，リスク管理体制を手薄にしていることがわかる。

グループ企業は管理が行き届かないことから不正が起きやすい。しかし100％株式を保有している完全子会社であるならば，他の株式保有会社との構造問題もなく，管理しやすいはずである。この場合，管理する側においても不正に対する意識が低く，そもそもチェック機能を働かせようとしている心構えもあまりみられない。そのような管理体制であれば，もちろん子会社においても不正がまかりとおり，組織的に行われており，改めようとする外部役員もいない。

14

　景品表示法違反（優良誤認）では，昔からダイエットや美容，また書籍のタイトルなどで多くみられる。しかし，これまではテレビやラジオのコマーシャル広告などでその違反は多かった。最近は，自社のホームページでもチェックされることである。ホームページだからと気軽に掲載している企業も多い中，2019年11月も消費者庁は販売業者３社，シンビジャパン，ユニッシュ，タットワの３社が自社のホームページで「体に貼るだけでやせる」などとダイエット用品の広告表示に対して，合理的な根拠がないと再発防止などを求める措置命令を出した。

　全国で接骨院を展開する「MJG」も，自社ホームページなどで「やせプログラム」の施術効果を展開したが，根拠がないとして景品表示法違反（優良誤認）として，埼玉県は，違反の事実を公表し，取り消すよう命じた。事実を公表するとなると，広告が無駄になり，これまで以上のマイナス効果となり，イメージダウンになる。

　健康食品会社も「免疫力を高める」と表示したブロッコリーから捻出した成分をブロリコとして販売している通信販売会社「イマジン・グローバル・ケア」にも景品表示法違反（優良誤認）で再発防止などを求める措置命令を出した。

　価格に対しても「本日閉店セール」と張り紙を１か月続けている店はよくみかけるが，「１か月限定」としながら数か月も続けていたのは，整体サロン「カラダファクトリー」を展開する「ファクトリージャパングループ」である。消費者庁は，景品表示法違反（有利誤認）として再発防止などを求める措置命令を出した。

　「初年度ポイント率８％！」とした三越伊勢丹グループのクレジットカードを発行する「エムアイカード」も，よく調べてみると実はいくつもの条件があったことがわかり，景品表示法違反（優良誤認，有利誤認）で，消費者への周知や再発防止を徹底するよう措置命令を出した。

　実際，このような景品表示法違反はいたるところで見かけている人が多いだろう。景気先行きが不透明な中，売上ノルマがきつく，なんとしても利益優先になりがちで，景品表示法違反ギリギリで表示しているところは多い。しかし，

消費者庁の公式ホームページから，その疑いがある店や会社を情報提供するフォームがある。消費者の通報や苦情により，今後も景品表示法違反は増加することが懸念される。

　最近はインターネットの普及からツイッターやインスタグラム，Facebookでの PR に長けている年齢が若い人が広報の担当者に抜擢されることが多い。しかし，マーケティング戦略としての感覚や知識は身につけていても，法的な問題については知識が十分にない担当者も多い。

　企業の経営者は高齢で，SNS について全く理解できないため，このような若い人材に任せっきりにしていることも多い。その場合，コンプライアンス室に年齢の若い人をアシスタントとして採用したり，コンプライアンスに事前にチェックされたものだけを PR にまわすことである。たかがツイッターで PR を流すだけでも炎上しているのも，広報担当者の知識がない場合が多い。広報はコンプライアンス担当者などとの連携や対策が必要である。社外取締役には広報出身者は少ないが，弁護士などの社外取締役がこれらの法的整備について定期的な研修を実施することはできる。また，外部役員など法的に詳しい人に事前に毎回，広告を出す前に専門家にチェックしてもらう体制づくりの構築も必要である。

4　インターネット関連の不正

　インターネット取引の増加にともない，その小売店の販売を提供しているプラットホームや代理店なども増えている。今後も，インターネット取引が増加する中，ネット会社における景品表示法違反や粉飾決算などあらゆる不正も増加するであろう。多様な不正への対抗はセキュリティ対策だけではなく，その前の段階の構造問題もある。人の手でのチェック機能がされていれば，対策はとれたものが，インターネットの場合は，そうはいかない。瞬時に不特定多数の人に普及する。

　インターネットに係る外部からの不正も増加しているが，同時に，自社からの意図的な行為により犯行を及んでいる例も多い。これらを一つ一つ丁寧に人

材の配置などの対策をとっていき，対応していくことである。そうでなければ，これから次々に訪づれる多様な法律知識不足による不正方法やセキュリティ対策への対応に追いつかなくなる。

　特に，プラットホームや代理店などで表面化されているのは独占禁止法が多い。

　例えば，オランダに法人登記し本社を置いているBooking.com B. V. やアメリカのエクスペディアホールディングスの日本支社は，非上場であるが，楽天のホテル予約方法と同様に独占禁止法違反の疑いで公正取引委員会の調べを受けた。

　① 楽天のガバナンス

　楽天のコーポレート・ガバナンス，リスク管理体制をみると，取締役7人のうち4人が社外取締役，そのうち3人が独立性の高い独立社外取締役である。また，常任監査役4人に加え社外監査役も4人を設置しているように外部監査としてのコーポレート・ガバナンス体制としては外部役員の人数も確保されている。しかし社外取締役の経歴をみると，ソニーのCOO経験者，ボストンコンサルティングのヴァイスプレジデント，大学教授で，現スカパーJSATホールディングスの取締役経験者など経営に力を入れた人選になっており，セキュリティ対策などリスク管理としての人材が少ない。監査役会設置会社が，社外取締役に会計士が存在しないように監査機能も求められていない。

　インターネットでの取引が増えれば増えるほど，セキュリティ対策などにコストをかけなければならず，サービス競争にも力をいれなければならない。またプラットホームとして販売するサイトは，独自の商品開発がない分だけ，おのずからコスト削減などぎりぎりまで追い込むことになり，手数料無料キャンペーンなどを実施することになる。この手数料の負担は小売店が負担するのか，楽天などプラットホーム側が負担するのか，下請け法，景品表示法などの違反問題は今後も増えると懸念される。

　インターネットの普及によりクレジットカードの不正利用被害も急増している。消費税増税後，キャッシュレス化が進み，フィッシング詐欺の件数が，

2019年9月だけで前月の4倍以上の436件，被害金額は約4億2,600万円で，たった9月の1か月間だけで昨年1年間分と同じ金額にまでなっている。そのうち8割が番号盗難の被害である。

　②　セブン＆アイ・ホールディングスのガバナンス

　セブン＆アイ・ホールディングスが2019年7月1日開始のスマホ決済サービス，セブンペイで不正アクセス被害が多発し，2日後の7月3日にクレジットカードとデビットカードからの入金手続き停止，7月4日の午前6時時点で被害者は約900人，被害額は約5,500万円になった。セキュリティ対策の甘さは，たとえ自ら不祥事を起こしてなくても，被害者にとっては，決して許される行為ではない。

　セブン＆アイ・ホールディングスでは，外国人株式保有率は30％である。コーポレート・ガバナンスにおいては，外国人投資家の意見に耳を傾ければもっと強化できたはずである。株式構造をみると，創業者の保有比率が数％あり，影響力がうかがえる。東証一部上場で監査役会設置会社である。取締役12人のうち5人が独立社外取締役であり，メディア政策の専門家，経営戦略の大学教員，警視総監などで会計士は選任しておらず，経営戦略を中心として選任している。任意で設置している報酬委員会4人，監査委員会4人がメンバーで独立社外取締役が半数の2人であり，委員長も務めているが，監査委員会においては正確な監査が行われているとは思えない。監査役会設置会社であるから監査役をみると，監査役5人のうち独立社外監査役は3人で会計士2人，弁護士1人である。監査においては力を入れていることがわかる。しかし，社外取締役が監査・監督機能，コーポレート・ガバナンス，リスク管理に重点を置いていないように，コンプライアンス，セキュリティ対策室などの対策が十分ではない。セキュリティ統括室は社長室，秘書室と並んである。となると，社長，秘書が十分に高いレベルの技術的知識があり，セキュリティ対策を理解していないといけない。グループIT戦略推進本部では，セキュリティ基盤部があるだけである。グループ会社として大きくなると，責任の個所が曖昧になり，外部役員にセキュリティ強化対策ができるクレジットカードやスマホ決算などの

システム開発に携わるなど技術者を選任すべきである。

5　個人情報の流出の企業責任

　個人情報の流出は，個人に対して膨大な被害を与えるだけでなく，企業は利用者各個人への被害額を支払わなければならないことである。例えば，2014年のベネッセコーポレーションの個人情報流出では，260億円が特別損益を出したが，被害に遭った顧客ら計462人が電子メール，勧誘の電話を受けるなど具体的な被害を受けたと慰謝料など計3,590万円の損害賠償を求めた。また流出させた派遣社員の不法行為でも使用者責任を負うことになった。

　①　ベネッセコーポレーションのガバナンス

　ベネッセの株式構造をみると，外国人株式保有率は30％以上であるが，創業者の一族が数％保有し続けている。また，日本の信託銀行などだけでなく，中国銀行，JPモルガンなど外資の法人の投資も多い。取締役は10人に社外取締役は5人，そのうち4人が独立社外取締役である。社外取締役のうち1人は創業家のメンバーを選び，残りの4人の独立社外取締役は，経営戦略を期待して選任した人ばかりである。任意の報酬，監査委員会の委員長は社外取締役で5人もメンバーであるが，社内の取締役1人とあわせて6人がメンバーである。そもそも弁護士や会計士の社外取締役がいないため，形式的な設置にとどまっている。監査役は4人でそのうち2人が社外監査役で1人が独立監査役である。2人は会計士，弁護士である。監査役に期待しており社外取締役は経営戦略に特化しているのがわかる。セキュリティ対策も十分ではなくコーポレート・ガバナンスとしてみたときに構造問題をはじめ不安な点は多々あるが，他の企業でもこのような従業員や派遣社員による盗難，個人情報流出問題は，最近，繰り返し行われているが，上記のような多額の損害賠償を請求されることにもなりかねない。

　2008年の通信販売事業「ジャパネットたかた」の個人情報流出事件では，元社員は，勤務していた1996年から顧客の個人情報を記録したCD-Rを盗んだが，時効ではない分の1億1,000万円のみ元社員を訴えることができた。ジャパ

ネットホールディングスでは，被害額を顧客一人あたり5,000円，情報流出件数の51万人で合計25億5,000万円の損害があったと算出した。個人による横領とは異なり，情報の流出は盗んだ社員は，犯罪という意識が低い人が多い。この場合，企業側は被害者ではなく加害者であることを認識して，研修や個人情報の取り扱いは徹底しなければならない。管理セキュリティ部などの一定の場所に鍵をかけて保管するようにしたり，個人が盗むことができないように二重管理体制が必要である。日々，個人情報を扱うDMなどを郵送したり，電話対応などで情報を扱う場合の対策がとれていない企業が多く，これらは十分な管理体制を整備しなければ，手遅れになる。

②　ファーストリテイリングのガバナンス

　他方，派遣社員などが盗んだ例とは異なり，外部からのアクセスによる被害も増えている。2019年はファーストリテイリングにおいて，ユニクロとGUのネット通販サイトに不正アクセスがあり，46万件の個人情報が流出したが，今のところ被害はでていないと公表している。ファーストリテイリングのコーポレート・ガバナンス管理体制をみると，取締役9人のうち独立社外取締役が5人，監査役5人のうち社外監査役が3人であり，半数を独立社外取締役が占めるなど影響力などは期待していることがわかる。しかし，監査役会設置会社であるため会計監査としての役割を果たす人材は存在しないことは仕方がない。しかし，彼らは全員経営戦略としての専門家であり業績促進効果しか期待していないことがうかがえる。リスク管理，コーポレート・ガバナンス対策の専門家がいないばかりか，セキュリティ対策が強化できるような技術系の人材もいない。

③　九州旅客鉄道のガバナンス

　航空会社でも外部の不正アクセスにより個人情報流出が相次いだが，JR九州の通販サイト「ななつ星Galley」でも2019年クレジットカードの最大約8,000人の個人情報が流出したことも話題になった。九州旅客鉄道のコーポレート・ガバナンス体制をみると，監査等委員会設置会社で，取締役15人に独立社外取締役が8人である。監査委員会も設置している。しかし，会計士がいないこと

から監査委員会が設置されていても，監査の能力がある社外取締役がいないため監査としての役割は全く期待していないことがわかる。その他の社外取締役は，弁護士以外は経営戦略や地元の取引先，関係者と思われる人も存在し，リスク対策，セキュリティ対策の関係者ではない。せめて技術出身やIT企業や銀行のフィンテックなどセキュリティ関係にもかかった経営者を選任すべきである。

　セキュリティ対策においては諸外国と比べると日本ほど遅れている国はない。不正アクセスされた企業は被害者ではなく加害者であることを自覚して企業もセキュリティ対策を強化しなければならないが，設備投資などにかなりの金額をかけなければならない。

　企業は上場していれば株主からの厳しい意見により社内のセキュリティ対策への投資額や具体的な対策内容を求められたり，セキュリティ対策に特化した外部役員や担当部署の人材の募集，選任にもコメントされることもある。しかし，政府や行政機関はさらに管理体制が整備されていない。東京都の「個人住宅建設資金融資あっせん制度」も利用者864人分の個人情報を無関係の金融機関に誤って送付した。政府は景気落ち込み対策として2020年からのマイナンバーカードで25％還元を実施するようだが，自己管理が大事であり，下請け会社の責任も大きい。

　企業と同様に行政においてもセキュリティ対策に専門的知識のある技術者出身の独立社外取締役などの外部監査の強化が必要である。

6　グループ企業の管理体制の限界

　また，相変わらず，大手企業の再発防止がなされずに，次から次に長期間にわたり，グループ会社で8社も不正が発覚している住友重機工業のような例もある。これらは，グループ企業での組織ぐるみの再発防止がいかに難しいか物語っている。組織が大きいだけに取締役も多く，それぞれに知人や関係者も多く，組織文化が強い。グループ会社は独立性が高く影響力があり，企業風土を変えるだけの能力のある社外取締役を設置することも簡単ではない。独立性が

高い社外取締役を選任しても，組織が大きすぎて組織の力に飲み込まれてしまい外部役員は意見がいいづらい。社外取締役をうまく活用することも難しいことがわかる。筆者が大手財閥系グループ企業の社外取締役にヒアリングした結果，「取締役会でいくら意見を述べてもスルー（無視）されている。次回の取締役会で再度，質問しても曖昧にされる。これは他の新興企業では見られないこと」と回答された。

2004年頃から不正が実施されていたとする住友重機工業では，2018年6月にグループ企業の建設機械などでの不正を公表しており，7月，8月，10月と次々と新事実として不正を公表，ついに本社のプラスチック機械事業部でも発覚した。それにより住友重機械搬送システム，住友重機械ギヤボックス，住友重機械精機販売などでも発覚している。半導体向けの封止プレスや動く歩道，モーターの回転速度を落とす減速機，減速機の調整作業が対象であり，安全性に問題はないとしているが，1件でも事故がでればリコール対象製品が多く，金額では相当のものになる。

① 住友重機のガバナンス

住友重機工業では取締役9人のうち社外取締役は2人しか選任されておらず，そもそも社外取締役の影響力や期待度が低いこともうかがえる。社外取締役の2人は，政府機関との関係が深く経済・経営の知識がある社外取締役と会計士で，独立性は高い。

しかし，不祥事が続く中，リスク管理に力を入れた人選ではない。また，データ改善の抑制には技術出身者でマネジメント経験者が必要であるが，再発防止のための対策が取られているとは思えない。

監査役会設置会社であるため監査委員会はないが，任意で設置された指名委員会にはこの社外取締役2人がメンバーであり，一人が委員長であり，他の取締役2人もメンバーである。報酬委員会では社外取締役2人がメンバーで一人が委員長だが，他取締役など4人もメンバーであり，影響力には限界があると思われる。

7　海外子会社の不祥事

　不正会計の不祥事は，2019年は12月末までに70社で，これまで最多だった2016年の57社を上回った。グローバル進出により，目が行き届かない中国など海外子会社や合弁会社などで不正が起きやすくなっている。全体の約4割の18社が海外での不正であり，そのうち8割が中国が占めている。

　同じように，日本国内にある海外の企業でも不正が目立った。例えば，ベビー用品のコンビと同様にアメリカのアップリカで，ベビーカーやチャイルドシートなどのベビー用品を小売店に安売りしないよう圧力をかけたとして，「アップリカ・チルドレンズプロダクツ」に対し独占禁止法違反（再販売価格の拘束）があった。また，コンビは，2011年にMBO実施により上場廃止しているため，不祥事発覚時の情報は提供されていないが，日本企業のほうがマイナスの影響を受けやすい。上場してなければ，改善対策が取られているのかどうか，店頭などで確認するしかない。

　また，日本の自動車業界が縮小する中，販売員へのノルマ，強制買取を実施し，買い取らないと契約解除を実施していたドイツの自動車メーカーBMWも独禁法違反である。

　コンタクトのシードと一緒に談合を行った日本アルコン，クーパービジョン・ジャパンなど海外ブランドとの談合では，上場している日本企業のほうが，あからさまに株価が下がる。広告や知名度のある日本企業のほうがブランドイメージは落ちやすい。

8　不正を起こしやすい非上場企業

　TSUTAYAの場合もそうだが，有名な企業でも非上場企業の不正も多い。100円ショップ業界では2位のセリア，3位のワッツ，4位のキャンドゥは上場しているが1位のダイソー「大創産業」は，これまで非上場を貫いており，情報公開に積極的ではない。2018年，類似していると作者から指摘された著作権の問題で動物をモチーフにした商品「ぷにゅぷにゅあにまる」の販売を中止

した。他にも「大創産業」はおもちゃのナイフとして販売していたものが，本当に切れるナイフだったこともある。

　実際，非上場企業，特にファミリー企業こそ，経営者の私物化が懸念されやすくリスク管理に対して出費を抑える傾向にある。こういった中小企業こそ外部役員の監査・監督機能，影響力が必要だが，独裁的経営者ほど，社外取締役の設置を極めて嫌がる。そうすると経営者の不正を抑制できる人が存在せずに，不正が起きた場合に不正金額規模が大きくなる懸念がある。

　「カレーハウスCoCo壱番屋」の創業者の例がある。創業者である宗次徳二氏が，私財27億円を投じて「宗次ホール」を建設したが，その資産管理会社が法人税約20億円の申告漏れを指摘，バイオリンなど減価償却できない高価な楽器を経費として計上するなど税務上の誤りがあった。

　社外取締役，社外監査役などの外部役員などが存在しないのでモニタリング機能がない。また，コーポレート・ガバナンス報告書として毎年，報告の義務がないためCGに力をいれなくてもすむことがある。

　熊本第一信用金庫の40代の職員による着服，JAとうかつ中央の50代職員の着服は，いずれも1億円前後の巨大な金額である

　その他，大学でも不正は改善されていない。室蘭工業大学はHPから1,187人の卒業生の成績が閲覧できるようになっていた。システム切り替えの際に誤った作業をした。京都大学の霊長類研究所に関わる教授ら4人が，研究資金を不正に2億円を支出，不適切な経理処理をした。企業でない組織・団体も非上場企業と同様に年報，CGガバナンス報告する必要もなく，外部役員のモニタリング機能もない。こういった不正体質は改善しづらいといえる。

9　不祥事後の対策と社外取締役の活用

(1)　不正内容と関与者

　不適切会計の開示をみると，東京商工リサーチによると，2008年25社が2015年には52社，2016年には56社，2017年に53社，2018年54社だったのが2019年にいきなり70社まで増加している。

　背景には，少子高齢化で国内市場の消費が伸び悩む中，業績悪化を免れるためのプレッシャーがあった。その圧力が株主，経営陣，外部役員，部長クラスなどピラミッド型の日本の経営組織管理に悪循環をもたらし組織的犯罪を免れることができなかった。モラルハザードへの意識が薄れる中，定期的な研修や外部や他の部署，外部役員などの意見交換会を実施しなければ，不正を認識する意識も芽生えない。非正社員が増え，個人の意識も目先の利益への追求だけになり，真面目で真摯に仕事に向き合い努力しても成功体験がなく，内部告発さえできない。内部告発のシステム構築も整備されておらず，内部告発したことで会社にいづらくなって退社をよぎなくされる例も多い。

　2019年 1 - 12月までの不適切会計の開示は70社，前年比29.6％増加，過去最多を記録した。

　2015年 5 月の東芝の不適切会計をきっかけに，金融庁は2019年 9 月，監査法人に対し，財務諸表に不適切な事がある場合，記載する「限定付き適正意見」を株主にもわかりやすくするため，意見の理由の明記を求め，2020年 3 月期から適用した。

　会計不正は大きく「粉飾決算」と「資産の流用」に分類されるが，特に粉飾決算は，財務諸表に虚偽の表示をすることであり，それを抑制するには監査委員会で事前チェック，そして取締役会と監査役が事後チェックを行うことになる。

　しかし，資産の流用は，個人が着服したり，横領することだが，一人に管理を任せず二重三重チェック機能を整備した体制にしなければならないのだが，信用金庫などではいつまでも個人の横領が許されている。

　経営者による個人的な私益を優先した資産を流用した場合は，今度はそれを隠蔽するために粉飾決算を行うこともある。そのため上場企業等が適時開示基準に従って公表する件数も「粉飾決算」の方が多くなる傾向がある。例えば，2019年 3 月期において公表された59件の会計不正のうち45件（76.3％）は「粉飾決算」である。

⑵ 不正の多い業界

　2014年度から2019年度に会計不正のあった上場会社等146社のうち最も多いのは建設業であり，次はサービス業，卸売業と続く。独占禁止法違反の道路舗装では，前述したようにコーポレート・ガバナンスに力を入れている企業はなく，モニタリング機能がなされてなかった。建設業においては，特に，リスク管理，コーポレート・ガバナンス，技術の専門的データ改ざんを監査・監督できる社外取締役が重要視されるべきである。

　国税庁が2019年6月に公表した「平成30年度　査察の概要」によると，告発が多かった業種も建設業となっている。

　また，2014年度から2019年度で会計不正を公表した上場会社等146社について，不正の関与者を「役員」「管理職」「非管理職」に分けて調査したところ，「役員」と「非管理職」が主体的関与者となっている。2019年3月期では「役員」16社，「管理職」7社，「非管理職」9社である。役員が多い理由は，前述したエチレントとインセンティブのバランスにある。役員というポジションを持ち続けている限り，それを維持できることに安心する。不正が起きてもすぐに株価が元に戻るため，不正に手を染めること自体に，さほど責任を感じなくなるのである。

表1－2　管理者による不正の関与者

役員	16社
管理職	7社
非管理職	9社

出所：日本公認会計士協会「経営研究調査会研究資料第6号」『上場会社等における会計不正の動向（2019年版）』などを参考に作成。

　また，株式保有比率の高い経営者，役員に対しては，彼らをチェックしてくれる人がいない。イギリスのように株式保有数を平等に保有している分散型株式保有企業であれば，取締役相互に監査・監督しあいながら株主との関連性も強化できる可能性もあるが，日本では取締役が株式保有しなければならない規定がなく，そのような構造は出来上がっていない企業が多い。また，メインバ

ンクなどの外部モニタリング機能がなくなった今，経営者が社外取締役など外部役員がモニタリングできるように受け入れる態勢を整えないといけないが，それもせずに情報提供をこばむ。

　また，コーポレート・ガバナンスに取り組むため監査委員会を設置しても経営者自身が監査委員会のメンバーであるため，監査プロセスを任されている状況にある。経費節約で業績がいいのにリストラしなければならない時代，不正行為を自分自身で抑制する経営者が少なくなっている。役員は監査役や監査法人も選び，財務情報を握っているため，情報の非対称から株主などにも嘘つける。この構造そのものを見直さなければ，社外取締役の実効性が高まらない。

　前述したように企業形態では，監査役会設置会社より監査委員会を設置している企業のほうが不正抑制効果がある。監査委員会で監査法人に提出する前に会計士の社外取締役が事前チェックを行えば，不正が見つかる可能性はある。監査委員会には経営陣はメンバー構成員でなく，社外取締役に一任することで，不正プロセスを見つけやすい。監査委員会に経営者は関与せず，監査情報など，隠し事をせずに内部情報を全部提出して確認してもらうことである。

表1－3　不正企業における不正内容

架空売上げの計上や水増し発注などの粉飾決算	28件（41.8%）
子会社・関係会社の役員，従業員の着服横領	14件（20.9%）
子会社・関係会社での不正	23社（同35.9%）

出所：日本公認会計士協会「経営研究調査会研究資料第6号」『上場会社等における
　　　会計不正の動向（2019年版）』2019年6月13日などを参考に筆者作成。

　不正の内容で最も多かったのが「架空売上の計上」や「水増し発注」などの「粉飾決算」で28件（構成比41.8%）であった。

　また，子会社・関係会社の役員，従業員の着服横領は14件（同20.9%）であり，「会社資金の私的流用」，「商品の不正転売」などである。個人の不祥事においては，定期的に社員研修，社員教育が必要であり，特に派遣会社や契約社員だけでなく入社する時に，事前に不正を行った場合の損害賠償などに関して契約書をかわす必要もある。企業側も任せきりにしないで，お互いに監査・監

督できる体制を強化する必要がある。

　親会社と子会社が多い日本では，気を付けなければならないのが「子会社・関係会社」での不正が23社（同35.9％）である。子会社による架空取引など利益を多く見せるための不正経理が目立ったが，子会社まで監査・監督に向かい，チェックする機能を忘れないことである。多くのケースで子会社の不祥事については，公表をとどめている。そうなると次回の再発予防対策が十分に行われずに，さらに不正が増える懸念がある。「会社」と「子会社・関係会社」を合わせると49社で，社数全体の約8割（同76.6％）も占めていることから，全く管理が行き届かないことがうかがえる。

　住友重機工業のように「製造業」が29社（構成比45.3％）を占め最も多く，国内外の子会社，関連会社による製造などデータ改善などの部署の技術的なチェック機能に対する対策がとられていない。技術出身の社外取締役が地方の工場まで訪問することはあっても各工場の工場長との品質管理まで個別にモニタリングするのは不可能である。AIなど機械化することでチェック体制を強化するなどの対策をとっている企業もあるが，工場の現場の個人の意識も大事である。社外取締役の中には頻繁に工場まで足を運び，現場の声を聞き，チェック体制の人員を増やすなどの対策をとっているケースもある。

　それは，不祥事の後，どのような対策をとったのかがカギになる。

①　エフエム東京のガバナンス

　具体的な対策として役員人事があるが，関与した全員が退任する例は稀であるが，中には，責任を追及した例もある。例えばエフエム東京では，不祥事後，冨木田道臣会長，千代勝美社長など7人の取締役が退任した。役員数は11人で3人が社外取締役であるため8人の取締役のうち1人のみが留任で，他全員退任することになった。エフエム東京は第三者委員会を設置したところ「連結対象範囲の判断等についての会計上及び内部統制上の問題が発見された」として，赤字の子会社の決算を連結決算の対象外としたのは会計上，故意に行った不正であった。185億円の売上高（17年度）のうち，11億円を過大に評価したことになる。

社長だった千代勝美氏が、知人に赤字の子会社の株式を購入させ、持ち株比率を下げていた。3か年の決算で本業のもうけを示す営業利益計11億円分を過大に計上しており、一連の不正による損失は約6億円以上にもなる。社長が自らあからさまに表面上、利益を多く見せていたことになり、社長の処分は免れないが、取り囲んでいる取締役までも解任したことになる。むろん派閥などの問題もあり、一新したかった経緯もあるのだろうが、このような大胆な対策も必要である。しかし、その後、株主総会で社外取締役には会計士、弁護士ではない新任2人が選任されている。もともとの社外取締役にも会計士、弁護士は存在せずに重任されたことを考えると対策は十分とは言えない。

②　すてきナイスグループのガバナンス

また、粉飾決算として東証一部上場の住宅関連会社「すてきナイスグループ」は、元会長、元社長、元財務担当役員ら3人を金融商品取引法違反（有価証券報告書の虚偽記載）の疑いで逮捕した。すてきナイスグループの不祥事後は、該当者だけでなく監査役2人なども辞任、新しい社外取締役や社外監査役に弁護士、会計士などを選任した。取締役6名のうち3名が社外取締役、監査役4名のうち3名が社外監査役とした。

(3)　人的資源管理に関する不祥事

電通では社員の自殺後も違法残業があり、三菱電機子会社は40代の技術者が2017年末に過労自殺、2019年10月に労災認定された。トヨタ自動車の男性社員も2017年に自殺したが、上司のパワハラが原因だったとして豊田労働基準監督署が労災認定していた。これらの問題に関しても社外取締役がどこまで監督機能を発揮できるのかというと、それは人的資源管理やマネジメント、人材育成などの経験者でなければ無理かもしれない。筆者がヒアリングした社外取締役は内部告発の内容やクレームの手紙などを全部読み、対策を提案していた人もいる。社内の従業員の満足度を高めるためにアンケートを実施したり、女性だけを集めた会を開催し出産・育児後の不安を解消、復帰を充実させた女性の社外取締役もいた。パワハラ、セクハラ対策として内部の総務部、人事部に知ら

れたことで，うわさが広まり，逆に嫌な思いをしたり，不利な立場に追いやられることがないように独身女性の会を開催し，外部の社外取締役が人事課とうまく交渉し異動願いを出した例もある。

　業績がよくてもリストラし，内部留保で買収防衛策をとる中，非正社員が増加，従業員は不安とともにプレッシャーを与えあい，いい人間関係が構築できていない。労務・人事においても社外取締役をうまく活用する方法はあるはずである。

（注）

⑴　公認会計士・監査審査会公式ホームページ，監査人・監査報酬問題研究会（2019）「上場企業監査人・監査報酬実態調査報告書2019年版」2019年3月31日など。

⑵　鈴木裕・大和総研「経営者は自社株を保有すべきか？―自社株保有ガイドラインの策定の検討を」2019年1月16日。

【参考文献】

東京商工リサーチ「2019年全上場企業『不適切な会計・経理の開示企業』調査　2020年1月24日。

監査人・監査報酬問題研究会（2019）「上場企業監査人・監査報酬実態調査報告書2019年版」。

日本経済新聞朝刊「報酬，5年連続増加」2019年6月5日付け。

Shleifer, Andrei, and Robert W Vishny（1989）「Managerial Entrenchment：The Case of Manager-Specific Investments」『Journal of Financial Economics 25⑴』pp. 123−139.

小佐野広・堀敬一（2006）「企業不祥事と株価パフォーマンス」『立命館大学RCFFリサーチ・ペーパー』（立命館大学ファイナンス研究センター）No.05006。

AL Boone, LC Field, JM Karpoff and CG Raheja（2007）「The determinants of corporate board size and composition：An empirical analysis」『Journal of financial Economics 85⑴』pp. 66−101.

エフシージー総合研究所　フジサンケイ危機管理研究室公式ホームページ「最新の企業事件・不祥事リスト」2020年1月23日現在。

公正取引委員会公式ホームページ「親事業者の禁止行為」2020年1月25日現在。

日本公認会計士協会『経営研究調査会研究資料第6号』「上場会社等における会計不正の動向（2019年版）」2019年6月19日。

柏木理佳（2015）桜美林大学大学院　国際学研究科　国際人文社会科学専攻　博士授与論文『中国民営企業における独立取締役の監査・監督機能－日中比較及び研修機関の役割の一考察－』。

② 社外取締役における不正抑制の実効性

1 独立社外取締役の比率と不正抑制の実効性

第1章の ① では主に不祥事企業の特徴と企業のコーポレート・ガバナンス体制，社外取締役の能力と関係をみてきた。

② では，具体的に取締役に占める社外取締役の比率が高いと影響力が増し抑制効果があるのかどうか，また，社外取締役の独立性が高いとその実効性は高まるのかどうかを分析する。

まず，表1-4と最近の不祥事を巻末表にまとめたが，企業の取締役，社外取締役，監査役について，その人数や比率，また監査チェック機能などにおいて適任であるかどうかを確認した。不正が親会社の子会社であり上場していない場合は，上場している親会社の年報やコーポレート・ガバナンス報告書や電話取材などから情報を収集した。年報は，2019年12月19日時点で最新のデータを確認した[1]。

さらに，取締役に占める社外取締役の比率及び独立取締役の比率，監査役に占める社外監査役の比率は，不正取引企業の関与人数，規模などにより優位性がみられるのかを分析した。

まず，以下の表1-4のように2019年と2018年の不祥事企業の独立取締役の比率を分析すると，ほとんどの企業が100％の独立社外取締役を選任している。

つまり，独立性の高い人材，企業との関係がない人材の確保においては，対策がとれていることになる。

多くの企業にて社外取締役の全員が独立性の基準に合格した独立性の高い独立社外取締役を設置していることになる。例えば，2人の社外取締役しか選任していない企業でも，その2人は独立性が高い独立社外取締役である企業が多いことがわかる。

しかし，例外もある。

無資格検査を実施したジャムコは，半数のみが独立社外取締役であり，スル

ガ銀行は，独立性の高い独立社外取締役は75％のみである。料金別納郵便切手の不正な換金を行った日本郵政は86％，着服のあったジャパンディスプレイJDIは50％である。キリンホールディングス子会社のキリンシティ黒ビールにビール不使用で景品表示法違反（優良誤認）は，75％，景品表示法違反（優良誤認），独占禁止法違反のカカクコムの食べログは，75％，景品表示法違反（優良誤認）のぐるなびは60％である。これらをみると，確かにコーポレート・ガバナンスへの取り組み，意識も低く，不正行為につながりやすいともいえる。

　他方，平均を確認すると2018年から2019年の不祥事企業の全体では，社外取締役に占める独立取締役の比率の平均は95％もある。

　これは，優良企業でも，コーポレート・ガバナンス報告書では，社外取締役のうち独立社外取締役の占める比率は，監査役会設置会社で86.8％，東証第一部の91.8％，市場第二部の84.1％，マザーズの78.4％，JASDAQの72.9％，JPX日経400の94.8％である。したがって，不祥事企業の95％はコーポレート・ガバナンスに力を入れている企業だけを集めたJPX日経400よりも高い。優良企業も含めた全企業における独立取締役の平均の比率よりも不祥事企業の平均比率のほうが独立性の高い社外取締役が高いため，全体的には，不祥事企業は独立性という点では，非常に高い基準でコーポレート・ガバナンスを意識していることがわかる。

　しかし，これは，独立性の高い社外取締役を選任しても，外部のモニタリング機能が果たせていないということの裏返しになる。第三者の目として，取締役会で有効に働いていないということである。むしろ，独立性が低く関連企業，グループ企業，取引先などの元関係者のほうが専門性が高いため，取締役会での進行がスムーズにいきやすいというメリットがいかされた結果になっている。

　アメリカのコンサルティング会社のスペンサースチュアートによると，米国の取締役会における2018年時点の独立社外取締役の比率は85％もある。この水準で日本にもどんどん同レベルのことを要求してくると，無能な独立社外取締役が独立性が高いという理由だけで選ばれることになる。

　独立性の高い社外取締役をいかせなかった背景には，組織文化が強すぎるこ

とがあげられる。また独裁的経営者においては，外部役員をお飾りとしか思わず，聞く耳をもたない人が多い。独立性の高い社外取締役を設置すると企業価値が上がるという理由で，女性，外国人などの知人関係者を選任しているケースも多いが，その効果がみられていないことになる。友達人事ではない独立社外取締役を受入れるには，その体制を整え，その能力を発揮できるようにしなければ，高い報酬を支払う意味がない。

2　社外取締役の比率と不正抑制の影響力

　独立性が高い＝企業にとって必要な技術的，または専門的知識がない人が多いという見解もある。例え彼らが，一般的な会計士，弁護士，経営戦略などの知識はあっても企業が独自で開発した専門分野においての見解が低くなることは事実である。このことは技術的なチェック機能や監査・監督機能を遅らせたということにもつながる懸念もある。

　そのため，次に，独立性は問わない社外取締役の比率について確認する。2018年，2019年の不祥事企業から取締役に占める社外取締役の比率を計算した。

　以下の表1－4のように2018年から2019年の監査役会設置会社の社外取締役の平均比率は，32％で高い。

　例外もある。東武鉄道子会社の東武ホテルマネジメントで横領不正があったが，20％，京王観光で切符不正使用があった京王電鉄は11％，景品表示法違反のTSUTAYAは9.1％，NTTドコモ子会社にてアクセス禁止法違反が14％，下請け法違反の森永製菓の22％と低い。

　しかし，それ以外の多くの企業では取締役に占める社外取締役の比率は30％，40％，50％と，高い社外取締役の比率で占めている企業も多い。

　建築基準法に違反している大和ハウス工業では18％，データ改ざんのユニチカでも33％，免震・制振装置のデータ改ざんの油圧機器メーカーKYBも33％である。金融商品取引法違反のすてきナイスグループにおいては50％，独占禁止法，景品表示法違反（優良誤認）のぐるなびは71％もある。

　これは，グループ会社など大規模な企業ほど，新興企業に比べ定款上多くの

取締役を設置できる。取締役の人数が多いと計算上，分母が大きくなり，分子の社外取締役の人数がそこそこ多くても，その比率は低くなることがある。

　ちなみに日本経済新聞が集計した３月期決算の東証一部全上場企業の社外取締役数は前年比で９％増えた。取締役に占める比率は28.8％から31.5％に高まった。

　前述したようにこれは，社外取締役の比率は３分の１を基準に選任議案に賛成する投資家が増えているためである。このために，わざわざ数字あわせをしている企業もある。たとえば，ファンケルは取締役を15人から９人に減らして，その上で社外取締役を３人に増やした。その計算の上に社外取締役の比率を３分の１以上にした。

　日産の西川前社長兼CEOが役員報酬の不正授与が判明後，取締役会議長で社外取締役７人を中心に西川氏の早期辞任を求めたことが，人事交代につながった経緯がある。不正は抑制できなかったが，その後の株価への影響などを考慮した社外取締役の判断，影響力は重要である。

　社外取締役比率が低い業務用厨房機器大手のホシザキは15人中２人が社外取締役であったが，子会社のホシザキ東海で不適切取引が発覚し，子会社社長も解任された。これまでも有価証券報告書の提出延期を繰り返すなど，社外取締役の比率が低いと，そもそもコーポレート・ガバナンスの意識が低い。GMOインターネットは社外取締役の比率が15.8％で否決されたが，2017年12月期の定時株主総会では香港投資ファンド，オアシス・マネジメント・カンパニーから，大株主である代表取締役の在任期間が長すぎること，代表取締役が大株主であることなどが指摘された。さらに株主からの提案として指名委員会等設置会社への移行を迫られたことがある。寮運営会社の共立メンテナンスは，ISSから社外取締役の割合が３分の１に達していないことを理由に，経営トップの選任に対する反対推奨を勧告された。

　このように，上場企業において，外資系の機関投資家が先行する形で社外取締役の比率３分の１以上を求めており，従わないと反対推奨の勧告される企業も増えている。英アバディーン・スタンダード・インベストメンツ（ASI）は

親子上場の会社は過半数の社外取締役を選任することを要求し，JPモルガン・アセット・マネジメントも将来的には過半数を目指しており，今後は欧米並みに要求が強くなる。野村アセットマネジメントや三井住友トラスト・アセットマネジメントなどもこれに追随している。三井住友トラスト・アセットは，取締役選任議案への議決権行使の方針を厳しくし，指名委員会等設置会社および監査等委員会設置会社などに対し，原則として構成比で３分の１以上が社外取でなければ議案に反対する。野村アセットの場合は，支配株主がいる場合，直近３期のROE（株主資本利益率）が平均８％未満の場合は，３分の１以上が必要とし，三菱UFJ信託銀行は取締役総数15人以上の場合，３人以上を求めていたが，今後は３分の１以上を求める[2]。

　上記のような圧力もあることから東京証券取引所によると，現在，東証一部上場企業のみではあるが，社外取締役が全取締役の３分の１以上を占めている企業の割合は３割を超えた[3]。

　しかし，社外取締役の比率が上がったからといって，簡単に不祥事が抑制できていない実態もある。

　不祥事企業における社外取締役の比率が東証一部上場の平均と比べても高い企業においても，社外取締役の比率が高ければ，その分，影響力があり，不正抑制につながるとは限らないということになる。

　かつては，社外取締役を設置すれば，それだけである一定の効果がみられていたが，今は，形式的な設置ではその実効性は全く見えてこないということである。また，実効性の高い社外取締役を選任しても，企業が受け入れる体制がなければ，その能力は発揮できないということもある。社外取締役を活用するには過去の会計情報までさかのぼって提供するなど企業側の対策も急がれる。

3　女性，外国人の社外取締役の増加

　日産が井原慶子さんを女性の社外取締役として設置したが，セガサミーも，在日オーストラリア・ニュージーランド商工会議所名誉会頭の外国人女性を社外取締役にするなど，女性の社外取締役も増加している。2019年の東京証券取

引所一部上場企業で14.5％と前年比2.9ポイント増加した。ちなみに役員としては，2019年３月期における女性の役員は，過去４年で２倍に増えた。

これは，アメリカの資産運用会社ステート・ストリート・グローバル・アドバイザーズは，「女性取締役を設置しておらず，過去３年間改善していない企業の全取締役選任人事案に反対票を投じる方針を示す」としているためである。

しかし，このように株主からのプレッシャーに答えるために，形式的に設置することを続けても，不祥事抑制効果がないばかりか高い報酬を払うという副作用がでてくる。

表１－４　監査役会設置会社の社外取締役・独立社外取締役の比率

不祥事企業名	不祥事内容	社外取締役の比率	独立社外取締役の比率
住友重機械工業	不適切検査	22	100
京王電鉄（京王観光）	切符不正使用	11	100
ヤマトHD（ヤマト運輸）	過大請求	50	100
森永製菓	下請け法違反	22	100
大和ハウス工業	建築基準法に違反	18	100
ニチイ学館	談合	27	100
シード	独禁法	28	100
すてきナイスグループ	金融商品取引法違反	50	100
東武鉄道（東武ホテルマネジメント）	横領	20	100
ユニチカ	データ改ざん	33	100
ジャムコ	無資格の検査	40	50
川金ホールディングスグループ	データ改ざん	40	100
KYB	免震・制振装置のデータ改竄	33	100
NTTドコモ	不正アクセス被害	14	100
スバル	ブレーキなど検査不正	33	100
スズキ	リコール検査不正	28	100

ヤマハ発動機（ヤマハ熊本プロダクツ）	賃金未払い	36	100
キリンHD（キリンシティ）	景品表示法違反	44	75
レオパレス21	建築基準法違	50	80
セブン＆アイHD	不正アクセス	41	100
カネカ	育児休暇後の配置	16	100
リクルート（リクナビ）	個人情報保護法	28	100
関西電力	金銭授与	36	100
安藤ハザマ	架空発注で裏金ねん出	27	100
京葉銀行	着服	33	100
北洋銀行	情報漏洩	25	100
日本フォーサービス	不適切会計処理	0	0
カカクコム（食べログ）	景品表示法違反（優良誤認），独占禁止法	40	75
ぐるなび	景品表示法違反（優良誤認），独占禁止法	71	60
リクルート（ホットペッパー）	景品表示法違反（優良誤認），独占禁止法	28	100
IHI	不正検査	27	100
東京センチュリー（富士通リース）	HDD持ち出し個人情報	33	100

出所：2019年12月19日現在の各社の年報とコーポレートガバナンス報告書を参考に筆者作成。

＊　小数点以下は切り捨て，不足情報は電話取材などで筆者追加。

　また東芝が80年ぶりにシンガポールのサプライチェーンマネジメント会社，ノーブル・グループ会長である外国人ポール・Ｊ・ブロフ氏の社外取締役を選任した。外国人取締役を選任している企業は，日経225社では20.9％，TOPIX 100社では31.0％で増加傾向であるが，まだ少ない。

4　重回帰分析，回帰分析の結果

　社外取締役に占める独立社外取締役の比率，取締役に占める社外取締役の比率においては以前と異なり有効性が低くなっている。不祥事が行われていた当時は役員構成が若干異なり，発覚するまでに数年以上かかっているということもある。しかしながら，その割には，社外取締役の選任においては，リスク管理のために選任したとは思えないような人選である。実効性の高まる社外取締役の設置をするためには，その人選方法，プロセスの公開と，コンサルタントなどに依頼して受け入れ側の体制の不備を整え，目的を明確にすることである。

　一方，重回帰分析で社外取締役の人数そのものが増えると実効性が高まることがわかった。また，監査役の人数が増えると実効性が高まるという結果がみられた。

5　社外監査役の実効性

　次に，監査役に占める社外監査役の比率を分析した。

　監査役会設置会社でなくても監査役がいる企業もあるが，2018年から2019年の不祥事企業の監査役に占める社外監査役の比率では，以下の表1－5のとおりである。社内監査役のうち半数以上が社外の監査役ということになる。とりわけT&Cメディカルサイエンス，ブリヂストンサイクル，東郷証券，電線大手フジクラ，スミダコーポレーション，日産，スルガ銀行，マツダ，スミダコーポレーション，三菱マテリアル，電通，日本郵便など指名委員会等設置会社など監査役を設置していない企業をはぶくと，平均は59％である。

　日本監査役協会の「役員等の構成の変化などに関する第19回インターネット・アンケート集計結果（監査役会設置会社版）」によると2018年，上場企業における監査役会設置会社の平均では，社外の監査役が67.6％，社内の監査役が32.4％である。優良企業を含めた全体と比べると，不祥事企業における社外監査役の比率は低い。つまり，社外監査役の比率を高めると，その抑制効果はあると考えられる。

　しかし，その社外監査役が会計士であるのは2018年は24.2％であり，2017年の25.5％を下回る。会社の役員が最も多く，次いで弁護士が多い。社外監査役のほうが会計士が多く，その分，多少なりとも監査の役割を果たしていることがわかる。社外取締役の場合は，会計士であっても監査委員会のメンバーになるかどうか，またその委員長になるかどうかで，影響力に限界がでるが，監査役は監査そのものをチェックするためと目的が明確である。

表1－5　監査役会設置会社の社外監査役・独立社外監査役の比率

不祥事企業名	不祥事内容	社外監査役の比率	独立社外監査役の比率
住友重機械工業	不適切検査	80	50
京王電鉄（京王観光）	切符不正使用	75	100
ヤマトHD（ヤマト運輸）	過大請求	50	100
森永製菓	下請け法違反	50	100
大和ハウス工業	建築基準法に違反	50	66
ニチイ学館	談合	66	50
シード	独禁法	66	0
すてきナイスグループ	金融商品取引法違反	75	100
東武鉄道（東武ホテルマネジメント）	横領	60	100
ユニチカ	データ改ざん	50	100
ジャムコ	無資格の検査	50	100
川金ホールディングスグループ	データ改ざん	66	100
KYB	免震・制振装置のデータ改竄	50	50
NTTドコモ	不正アクセス被害	50	100
スバル	ブレーキなど検査不正	50	100
スズキ	リコール検査不正	60	100
ヤマハ発動機（ヤマハ熊本プロダクツ）	賃金未払い	50	100
キリンHD（キリンシティ）	景品表示法違反	60	100

レオパレス21	建築基準法違	75	100
セブン＆アイHD	不正アクセス	60	100
カネカ	育児休暇後の配置	50	100
リクルート（リクナビ）	個人情報保護法	50	100
関西電力	金銭授与	75	100
安藤ハザマ	架空発注で裏金ねん出	50	100
京葉銀行	着服	60	100
北洋銀行	情報漏洩	60	100
日本フォーサービス	不適切会計処理	66	50
カカクコム（食べログ）	景品表示法違反（優良誤認），独占禁止法	50	100
ぐるなび	景品表示法違反（優良誤認），独占禁止法	75	100
リクルート（ホットペッパー）	景品表示法違反（優良誤認），独占禁止法	50	50
IHI	不正検査	60	100
東京センチュリー（富士通リース）	HDD持ち出し個人情報	50	50

出所：2019年12月19日現在の各社の年報とコーポレートガバナンス報告書を参考に筆者作成。

＊　小数点以下は切り捨て，不足情報は電話取材などで筆者追加。

（注）

(1)　エフシージー総合研究所『フジサンケイ危機管理研究所』「最近の企業事件・不祥事」の2018年と2019年の一覧から民間企業の不祥事，不正に関する企業を選択し，年報，財務諸表，コーポレートガバナンス報告書，電話取材などから情報収集した。

(2)　金融庁「スチュワードシップコードをめぐる状況と論点等について」令和元年10月2日，ISS「2020年版ISS議決権行使助言方針（ポリシー）改定に関するコメント募集」，金融庁「利用者を中心とした新時代の金融サービス」令和元年8月。

(3)　東京証券取引所「東証上場会社における独立社外取締役の選任状況及び指名委員会・報酬委員会の設置状況」2019年8月1日。

【参考文献】

柏木理佳（2015）桜美林大学大学院　国際学研究科　国際人文社会科学専攻　博士授与論文「中国民営企業における独立取締役の監査・監督機能－日中比較及び研修機関の役割の一考察－」。

柏木理佳（2014）「中国民営企業における研修内容からみる独立取締役の監査・監督機能」『経済社会学会』第36号，103－117ページ。

第2章　社外取締役の役割と責任

① 法律上の期待

1　社外取締役制度設置目的

社外取締役制度は，外部の第三者の意見を聞く機会を増やし，経営者のチェック機能，モニタリング機能を強化し不祥事を抑制するために創設された制度である。

振り返れば2003年4月施行の商法特例法改正で「委員会等設置会社」が導入された。これも社外取締役を各委員会のメンバーにして，影響力を監査委員会，報酬委員会，指名委員会の人事・選定にまで深く，細かく拡大するためのものであった。社外取締役が構成員である指名委員会，監査委員会，報酬委員会が設置されていれば，指名委員会では社外取締役により取締役候補者が選定され，報酬委員会では社外取締役によって経営者，他の取締役の報酬が決定され，監査委員会では監査のプロセスにてチェックすることが可能になり，それなりに影響力がある。社外取締役の権限，会計監査などの能力があればかなりの影響力で監査のモニタリング機能としての能力を発揮することも可能である。

アメリカで多発した不祥事企業に対応するために設置された社外取締役制度は，それを参考にして世界中がすでに導入しているが，日本では長い間，導入されてなかった。

しかし，2000年代，雪印乳業，西武鉄道，カネボウ，ダスキンなど多くの企業において不祥事が発生した。そのため，これ以上の不正を発生させないために，外部のモニタリング効果が期待され社外取締役制度が創設された。経営者の不正な行動を抑制するため，社外取締役が各委員会で事前チェックを実施，執行役員制度の導入など，法的にも実務的にも経営のチェック機能を高めることを目的としている。

現在，旧委員会等設置会社は，2006年5月施行の会社法により「等」が省かれ「委員会設置会社」に名称が変更された。社外取締役が参加する取締役会の権限では基本的な経営の決定と執行役，職務執行の監督を担い，各委員会では取締役3名以上，その過半数は社外取締役で構成されなければならないというように，経営陣の不正行為を抑制するために，まずは社外取締役の人数を増やし影響力を増やすことを優先していることがわかる。社外取締役を中心とし業務執行を担当する役員として執行役が置かれ，経営の監督機能と業務執行機能とが分離されたことにより，形式上は社内の取締役による取締役の監督から社外の取締役による社内の取締役の監督へと移ることになった。

　もともと2003年に委員会設置会社に移行した企業は44社だったが，当時，経営の透明性を高めるためにコーポレート・ガバナンスを強化した会社は，経営の監督機能と，業務執行機能を分離した会社として投資家からも注目された。委員会設置会社は現在，指名委員会等設置会社に名称がかわった。しかし，少しずつ増えてはいるものの2019年8月1日時点の日本取締役協会によると78社しかない。

　東証一部でも，イオン，いちよし証券，オリックス，学究社，スミダコーポレーション，ソニー，ノジマ，野村ホールディングス，パルコ，日立製作所，日立ハイテクノロジーズ，コニカミノルタ，日立物流，日立キャピタル，日立金属，日立化成，日立建機，HOYA，三菱電機，りそなホールディングス，エーザイ，エステー，大和証券グループ本社，日本精工，フジシールインターナショナル，栄研化学，カブドットコム証券，マニー，みらかホールディングス，いちごグループホールディングス，MonotaRO，福井銀行，日本板硝子，日本オラクル，クックパッド，フィデアホールディングス，LIXILグループ，東京電力，日本取引所グループ，マネックスグループ，みずほフィナンシャルグループ，日東紡績，三菱ケミカルホールディングス，日本郵政，荏原製作所，ツバキ・ナカシマ，三菱UFJフィナンシャルグループ，かんぽ生命保険，ゆうちょ銀行，メニコン，ブリヂストン，三菱地所，マクロミル，J. フロントリテイリング，ヤマハ，三井住友トラスト・ホールディングス，三井住友フィナ

ンシャルグループ，三菱マテリアル，NTN，三菱自動車工業，日産自動車，オリンパス，日本証券金融，SOMPOホールディングスでしかない。

東証二部では，ヒガシトゥエンティワン，指月電機製作所，東芝，カーチスホールディングスのみである。JASDAQで，ピープル，シャクリー・グローバル・グループ，大田花き，GMOクリックホールディングスがある。マザーズでは，そーせいグループ，ジーエヌアイグループ，窪田製薬ホールディングス，ヘリオス，テラプローブである。セントレックスでは，ガイアックスである。

上記をみてもわかるように東証一部で64社，東証二部で4社，マザーズ5社，JASDAQ 4社，セントレックス1社の合計78社でしかない。

東証一部に上場している企業数が2156社，東証二部が486社，マザーズ303社，JASDAQスダンダード671社，グロース37社（2019年12月11日現在・東証）であること考えると本当にわずかでしかないことがわかる。

まだ2019年8月時点で，監査役会設置会社が全企業の70％余りを占めている。

ガバナンスの良い見本であると言われながらも，新たに指名委員会等設置会社に新たに移行する企業は，毎年たった数社のみという少ない状況である。

その理由として，指名・報酬・監査委員会の委員会のうち，指名委員会を設置することへの抵抗があるという声を聞く。

表2−1　機関設計の選択状況（企業数）

集計対象	社数	指名委員会設置会社	監査等委員会設置会社	監査役会設置会社
東証一部	2148	63	576	1509
東証二部	488	4	163	321
マザーズ	291	5	75	211
JASDAQ	712	4	187	521
全上場企業	3639	76	1001	2562
JPX日経400	397	36	27	294

出所：東京証券取引所東証上場企業における独立社外取締役の選任状況及び指名委員会・報酬委員会の設置状況2019年8月1日などを参考に筆者作成。

そのため，2015年3つの委員会を設置するのではなく，監査委員会のみ設置する監査等委員会設置会社というのもできた。2015年，会社法が改正され監査等委員会設置会社制度が導入され2019年には，1,000社以上が取り入れた。

　しかし，東芝のように不祥事企業は存在しているが，特に監査委員会のある指名委員会等設置会社は，監査役会設置会社に比べ不祥事企業は少なく，特に早い段階から旧委員会設置会社に移行した企業はコーポレート・ガバナンスを強化している企業として投資信託の組み入れ銘柄にも選ばれるほどである。現在もその傾向はあり，特に海外投資家からの注目度は高い。

　日本経済新聞社と東京証券取引所は，共同で開発・運営する株価指数「JPX日経インデックス400」の新規組み入れ銘柄の条件に，自己資本利益率（ROE）と英語版のコーポレート・ガバナンスに関する報告書の開示の有無，2人以上の社外取締役選任などの基準を追加した。このように，コーポレート・ガバナンスを重視して企業形態を移行した企業は，海外投資家からも注目された。背景には外部者によるモニタリング機能はずっと空白のままだったことがある。従来，日本型のモニタリングは，メインバンクが担っていたが，経済低迷により金融業の業績が悪化，また外国人投資家が増加し，持株会社の規制などから金融機関を外部役員とするモニタリングチェック機能は効果的ではないとされてできていなかった。そこで社外の取締役が注目された経緯がある。

表2-2　社外取締役制度の変貌

2001年会社法（商法）	・大会社において監査役の半数以上を社外監査役とすることを義務化 ・監査役の任期が4年に延長など監査役の権限の強化
2003年会社法（商法）	・委員会設置会社制度の導入で従来の監査役会設置会社との選択制に ・委員会設置に関する特例により監査役を設置しない選択が認められる
2009年東証	・全上場会社は1名以上の独立役員の確保を要求
2015年会社法（商法）	・監査等委員会設置会社の創設 ・社外取締役を置くことができない正当な理由の説明義務 ・社外取締役の要件の厳格化

出所：経産省「第1回コーポレート・ガバナンス・システムの在り方に関する研究会」平成24年3月7日などを参考に筆者作成。

　上記のように社外取締役が役割を果たせるように制度は少しずつ変わり，また，同時に委員会を設置するなどの企業形態としても制度を整えつつある。しかし，後述するが，その整備は諸外国に比べると遅れている。

　まず，最初に社外取締役制度において，その独立性に関して確認する。

2　社外取締役の独立性

(1)　会社法の独立性基準

　社外取締役を取りまく環境は整備されつつある。しかしながら，実は，社外取締役は深刻な人材不足に直面している。社外取締役の経験者が不足しており，企業は経験のない人を選任したがらないため，一人が5社以上の社外取締役を兼任している。多忙すぎて企業のモニタリングチェックができていないという実態もある。

　さらに経験もあり影響力のある社外取締役は報酬が高いため，実際のところ，そのような著名人で実践力のある人材がいても，支払い金額が高すぎて躊躇しているという実態もある。

　そんな中，基準となるのが独立性である。独立性は10年間を目安とされていた。独立性を高くすると組織文化に染まっていないため経営陣の不正を見抜きやすくなる第三者としての目がある。部外者からの厳しい意見を言いやすいというメリットがある。しかし，代わりに，専門知識がないため取締役会の議論の進み具合を遅れさせるという懸念もあった。これは，専門性の高い社外取締役は，企業内の専門的分野において長けている代わりに独立性が低くなるという矛盾がある。そこで，「過去」において当該企業と関係のある人は独立性がないとされていたが，「10年間」に限定されたのが2015年の会社法改正である。

　社外取締役や社外監査役の独立性については，会社法，東証，コーポレート・ガバナンスルールの三か所に規定がある。

　まず，会社法の内容を説明する。

　会社法では，社外取締役，社外監査役の要件が規定されているが，その規定が曖昧であり，企業は，その判断基準を自社で決めて，その内容を公開する必

要がある。そもそも社外取締役制度が創設された時，社外取締役のモニタリングチェックを機能させるために，経営者のお友達人事にならないよう独立性も定められたのであるが，会社法第2条第15号では，「社外取締役は，株式会社の取締役であって，当該株式会社またはその子会社の業務執行役員もしくは執行役または支配人ではなく，かつ過去に当該株式会社またはその子会社の業務執行役もしくは執行役または支配人その他の使用人となったことがないものをいう」とある。しかし，その独立性については厳しい条件ではない。日本では，他人から監督されるのを嫌う経営陣が多い。自分で自分の監督ができていた真面目な社長が多かったため，モニタリングチェックをされることに慣れていない。そのため経営陣の知人などすぐに従ってくれる人材を社外取締役にするケースが多く，いつまで経っても自主的に独立性が強化されていないのが実態である。

　2015年の会社法改正案第2条15号では社外取締役の要件は「現在も含め就任前10年内に当該会社・子会社の業務執行取締役・執行役又は支配人その他の使用人（以下「業務執行取締役等」）に就任したことがない」とされている。

　また，就任前10年内に当該会社・子会社の取締役，会計参与又は監査役に就任したことがある場合には，その職に就任する前10年間に当該会社や子会社，兄弟企業の業務執行取締役等であったことがないことを公開する必要がある。過去10年以内に上場会社又はその子会社の業務執行者であった者は，会社法上の社外取締役又は社外監査役としての社外性が認められないため，独立役員として指定できない。

　「過去に業務執行者であった関係を株主・投資者が適切に認識できる程度の記載」が必要とされているため，業務執行者であった時期，年数，業務内容，また，支配株主または配偶者及び二親等内の親族でないこと，親会社の取締役・執行役・支配人その他の使用人でないことを公開すればいいだけである。つまり，すべての過去において独立性が求められていたのが，10年間に限定され，その独立性が事実上，緩和されたことになる。過去に取締役だった者でも10年過ぎれば独立取締役になれることになった。

　独立役員の実際の選任状況に関しては，「東証上場会社コーポレート・ガバナンス白書2019」によると，監査役会設置会社で社外取締役を選任しない企業は全体の約3％，また，同じ監査役会設置会社で独立性の高い独立社外取締役を選任しない企業は全体の約9％である。また，全上場企業では社外取締役のうち独立社外取締役が占めているのは9割近くとされている。

　しかし，一方で「会社法制（企業統治等関係）の見直しに関する要綱」第2部第2の2によると，「監査役会設置会社で金融商品取引法第24条第1項の規定によりその発行する株式について，有価証券報告書を内閣総理大臣に提出しなければならないものは，社外取締役を置かなければならない」とされている。これに基づくと，上場会社である監査役会設置会社に対してだけでなく，ミニマム・スタンダードとして，少数株主を含む全ての株主に共通する株主共同の利益を代弁する立場にある人が必要であり，また，上場企業でなくてもそれと同等の企業においても，外部の役員がアドバイスを置く必要があるということである。経営者あるいは支配株主と少数株主との間の利益相反の監督を行うという役割を果たすことが期待される社外取締役が必要であるということである（「会社法制（企業統治等関係）の見直しに関する中間試案補足説明」（2018年2月）第2部第2の3）。

　つまり，独立性が高い独立社外取締役の設置の義務化が上場企業だけでなく大企業も対象になるが，今後は，その責任，権限なども強化されていくことになり，受け入れる企業側の体制の整備も強化されると見られる。

(2)　東証の独立性の基準

　次に2015年，東証（東京証券取引所）の独立役員の確保に係る事実上の留意事項では「親会社又は兄弟会社の業務執行者，主要取引先，業務執行者，役員報酬以外に多額の金銭その他の財産を得ているコンサルタント，会計専門家，法律専門家」などでないこととされている。「上場会社は，一般株主保護のため，独立役員（一般株主と利益相反が生じるおそれのない社外取締役（会社法第2条第15号に規定する社外取締役であって，会社法施行規則（平成18年法務省令第12号）第2条

第3項第5号に規定する社外役員に該当する者をいう。）又は社外監査役（同条第16号に規定する社外監査役であって，会社法施行規則第2条第3項第5号に規定する社外役員に該当する者をいう。）をいう。以下同じ。）を1名以上確保することが義務づけられている」としている。

つまり，独立性基準を定めている東証では，「一般株主と利益相反の生じる恐れがあると判断する場合の独立性基準」としているだけである。「一般株主と利益相反が生ずるおそれがない者」については，企業が実質的に判断するとされており，判断は企業にゆだねており，「経営陣から著しいコントロールを受けたり，コントロールを及ぼす者」という感覚的な規定しかない。

「主要な取引先」に該当するかどうかの判断は会社法施行規則第2条第3項第19号ロの「当該株式会社の主要な取引先である者（法人以外の団体を含む。）」に準じて企業が判断するもの」としている。「主要な取引先とする者又はその業務執行者」「最近において企業の親会社の業務執行者又は業務執行者でない取締役」「企業の親会社の監査役」「上場会社の兄弟会社の業務執行者」でないというのは，事業等の意思決定に対して親子・関連企業の影響を与え得る関係がある取引先のことをいい，売上高等が相当部分を占めている下請け会社などや，事業活動に欠くことのできないような商品・サービスの提供を行っている関連企業や，メインバンクなどが指摘されている。

しかし，メインバンクであっても，借入れが僅少であるなど，「主要な取引先」に該当しないケースはあり得るとされている。さまざまなケースが考えられ，それらについて細かい規定があるわけではなく，それらの判断基準は企業が決めて公開していた。

また，「上場会社から役員報酬以外に多額の金銭その他の財産を得ているコンサルタント，会計専門家又は法律専門家」「多額の金銭その他の財産」に該当するか否かについては，会社法施行規則第74条第4項第6号ニ又は同第76条第4項第6号二の「多額の金銭その他の財産（これらの者の取締役，会計参与，監査役，執行役その他これらに類する者としての報酬等を除く。）」に準じて上場会社が判断するもとある。

　実際に「多額」として，1,000万円以上の報酬と規定している企業は３割程度でしかない。主要な取引先も相互の企業のグループの連結売上高の２％の支払いと公開している企業が８割近くである。

　つまり，多額とはどれくらいから多額とするのか，などの具体的な数字の制限がなく，抽象的な基準でしかない。曖昧な表現でしかなく，各企業は独自に基準を設け，それを公開している。

　そもそもそのような曖昧な規定を規定といえるのか疑問である。

　コーポレート・ガバナンス白書では，社外取締役のうち独立社外取締役の占める比率は，監査役会設置会社では86.8％である。東証第一部では91.8％，市場第二部では84.1％，マザーズでは78.4％，JASDAQでは72.9％であり，JPX日経400構成会社では94.8％である。東証上場会社3,598社において選任された社外取締役，総計8,414人のうち，独立役員として届け出られた取締役数は7,347人で87.3％を占めている。

　ちなみに海外では独立役員，独立社外取締役と呼ばれているが，日本では社外取締役に独立性が高い人は独立社外取締役としているように，現状，人材不足の中，まずは独立性が低くても社外取締役の設置を普及させようというのが狙いである。

　ニューヨーク証券取引所やナスダックの上場企業は取締役の過半数及び監査委員会の全員が独立取締役であることが求められているが，日本ではまだ独立性が高い＝素人に無駄に報酬を払っていると考える企業が多く，普及に至っていないのが現状である。しかし，独立社外取締役設置企業は外国人投資家に指示されているのは言うまでもない。社外取締役の設置が義務化されたからには，今後は，ますます欧米並みに法律が強化されるのは間違いない。今のうちから欧米諸国のルールを参考に企業としては準備を整えておくことである。

3　コーポレートガバナンス・コードの独立性の基準

　コーポレートガバナンス・コードでは，取締役会に「独立社外取締役となる者の独立性をその実質面において担保することに主眼を置いた独立性判断基準

を策定・開示すべき」としている（原則4‐9）。こちらについても「主眼を置く」は，主要ポイントとして考えるべきという意味になるが，広辞苑では，大切なところ，要，主要の点としている。重点を置くけれども，その内容は自分たちで決めていいというのである。独立性の基準が曖昧で数字で明記されていないため，独自に基準を設けている企業が多いのが実態である。

　具体的には，上場会社が持株会社であり，社外取締役が子会社の主な取引先の業務執行者であれば独立性に抵触しないが，株主と利益相反の生じるおそれがあるかどうかは，確認，検討する必要があるとされている。

　コーポレートガバナンス・コードでは，「取締役会は，金融商品取引所が定める独立性基準を踏まえ，独立社外取締役となる者の独立性をその実質面において担保することに主眼を置いた独立性判断基準を策定・開示すべきである」（原則4‐9）とされており，企業，グループ企業の独立性判断基準を策定し，独立役員届出書やコーポレート・ガバナンス報告書等において開示する必要があるとされている。

4　ヒアリング調査による社外取締役への期待

　実際，企業は社外取締役へ何を期待しているのか，筆者が2014年から2019年まで多くの上場企業の取締役や社外取締役，社外監査役に直接ヒアリングを実施した[1]。ここでは代表的な例を紹介する。

　まず，監査役会設置会社，売上高300億円余り，東証一部上場，小売・卸売業分野のH社では，社外取締役3人は，独立役員であり，企業統治，リスク管理の専門家や商社出身者で占められている。1社から3社の社外取締役を兼任している。ガバナンス強化と業績促進を目的としていることがわかる。不祥事の後の2014年10月16日，当該企業でヒアリング実施した結果によると「会計士の社外取締役を選任していないのは，監査の役割は社内の監査部門や社外監査役が担当する。また，取締役会でもかえって会計士が多すぎると気を使い合い意見を言いづらくなっている」という回答を得られた。ちなみに社外監査役は4人で，弁護士，商社出身者，グループ会社の役員と執行役員であり，そのう

ち1人は常任監査役である。この構造からも会計監査に対する期待は監査役に集中していることがわかる。せっかく独立性の高い社外取締役や企業統治に強い専門家を選任しているのに，監査能力が高い会計士，財務出身者などは選任していない。当該企業は過去に不祥事があったことから，企業統治やリスク対策のための委員会が設置され報酬・指名委員会の役割を担っており委員長は社外取締役であるが，監査役もオブザーバーとして参加している。報酬・指名については社外取締役も構成員である委員会で検討されることはあるが，監査委員会が設置されていないため，社外取締役は監査プロセスに直接かかわることもない。ヒアリングによると「取締役会や委員会での社外取締役の発言，意見は多い。質問も多いため，第三者としての外部の目線での感覚を持ち合わせており，素人的感覚ではあるが，はっと気づかせられることもある。それなりに影響力はあると思う」という回答もあった。つまり，独立社外取締役たちは監査としては関与する機会を与えられていないが監督としては役に立っているということである。

　2018年9月12日ヒアリング実施したM社は，10年以上も前になるが，反社会的勢力や総会屋などとの関与があった企業である。その後は，コンプライアンス委員会を設置，これらの対応にスムーズにできるようにベテランの広報の責任者に入れ替え，元警察官やその内容に地検のある弁護士などを独立社外取締役に設置した。独立社外取締役に対しての期待はこの点にフォーカスしたため，それなりの効果があったと回答を得た。

　次に外国人投資家の比率が3割以上を占めており，監査委員会を設置している指名委員会等設置会社A社において，不祥事から約3年後，2014年10月9日，ヒアリングを実施した。「それなりに社外取締役は影響力があるが，広い分野から選任しており専門知識があるわけではないので第三者としての外部の意見として受け止めている」という回答を得た。当該企業では，社外取締役は全員，当該企業の株式を保有している。報酬を受け取る立場だと企業の顔色をうかがわないといけなくなり反対意見をいいづらくなるため，株式を保有させることで株主の立場から遠慮なく意見を述べてもらいたいという企業側の意図もある。

外国人株主の影響力もあるため，このような形をとっているという。

　しかし，実際には，株主になれば業績，株価を中心に気にするようになり，リスク管理，企業統治よりも経営アドバイザーとしての期待が重視されることになる。社外取締役8人のうち3人は弁護士，会計士，元経営者，企業統治の専門などであり，兼任数も多い。指名委員会，報酬委員会，監査委員会では社外取締役が過半数を占めているが，監査委員長は会計士資格保有の社外取締役ではない。ヒアリングによると「経営アドバイザーとしてよりも広い範囲でコーポレート・ガバナンスを重視した。監査委員会でも会計士である社外取締役から意見を聞くことができる。最終決定である委員長は，会計士ではないが社外取締役ではあるので，会計士の専門的知識と第三者としての外部の意見を聞きながらまとめるのがいい」ということであった。つまり，監査においては，社外取締役に期待しているのではなく，業績促進や，またモニタリングとしての機能として期待しているのがうかがえる。

　さらに監査委員会のあるD社を2019年10月10日にヒアリングした結果，「取締役会での配布資料は1週間から数日前だが，時間的余裕があり，可能な時は取締役会事務局が事前に打ち合わせして現状を理解してもらうようにしている。取締役会での社外取締役の質問に答えられない場合は，各部署レベルの担当者から回答させるなど，素人としての意見でも稀にはっとするような重要な意見もあり，リスク管理としては，企業側は聞く体制ができていると思う」と事務局の担当者が回答した。

　7人の社外取締役は弁護士，元大手企業の経営者，政府機関出身者2人，経営戦略の大学教授，会計士であり，外国人，女性も含まれていて，外国人投資家を意識していることがわかるが，株式を保有していない社外取締役もいる。アメリカのように社外取締役だけが構成員である独立委員会が設置されており，社外取締役同士，意見をまとめやすくなっている。指名・報酬委員会ではアメリカと同様に全員が社外取締役で占められており，むろん委員長も社外取締役であるが，監査委員会だけは内部の取締役も構成員である。このことから，監査委員会において会計士の社外取締役が構成員であり委員長であってもその影

響力は絶対的ではないことがうかがえる。「社外取締役への期待は全体のモニタリングチェックであり，リスク管理である。監査委員会の会計士の社外取締役だけに一任できないのは，社内の事情を把握できていないためである」と回答を得た。この企業のように，監査機能だけを強く期待している企業は少ない。

　また，最近のアンケートでは，経産省「コーポレート・ガバナンスに関するアンケート」(平成29年度)がある。経営陣や社外役員，会計監査などによって紹介によって就任した社外取締役が多いが，その他からも20％ほど占めている。

　日本コーポレート・ガバナンスネットワークや取締役協会，あるいはリクルートなどの人材ビジネス会社からの独立性の高い社外取締役を紹介してもらう企業も増えてはいる。

　取締役会で社外取締役の自分に決定権がある，影響力があるのは2割あまりでしかない。

（注）

⑴　2014年から2019年まで，数社兼任している社外取締役にはそれぞれの企業において社外取締役の実効性，企業側の受け入れ体制などについて延べ63人にヒアリング実施。2014年10月16日，監査役会設置会社のH社にて外部役員にヒアリング実施した。2018年9月12日M社は，取締役にヒアリング実施後，監査等委員会設置会社に移行した。A社は，元外部役員に2014年10月9日のヒアリング実施後，監査役会設置会社から指名委員会等設置会社に移行した。2019年10月10日にD社の取締役会事務局員に取締役会の在り方についてヒアリング実施した。

【参考文献】

日本取締役協会「指名委員会等設置会社リスト（上場企業）」2019年8月1日。

東京証券取引所「東証上場会社における独立社外取締役の選任状況及び指名委員会・報酬委員会の設置状況」2019年8月1日現在。

経済産業省「第一回コーポレート・ガバナンス・システムの在り方に関する研究会」平成24年3月7日。

東京証券取引所上場部企画グループ「東証上場会社　コーポレート・ガバナンス白書2019」https://www.jpx.co.jp/news/ 1020/nlsgeu 000003zc 0h-att/nlsgeu 000003zc 32. pdf　2019年5月15日。

東京証券取引所「独立役員の確保に係る事実上の留意事項」(2015年6月改訂版)。

経済産業省「平成29年度コーポレート・ガバナンスに関するアンケート調査」。

経済産業省「株主総会プロセスの電子化促進等に関する研究会」の報告書。

② 法律上の改正と諸外国の例

1 改正により非上場企業も対象に

2020年会社法改正では上場企業だけでなく，非上場企業も対象になった。社外取締役の監査・監督機能を最大限にいかして本格的に活用してもらうため，大企業だけでなく，少数株主がいる非上場企業も含めることになった。社外取締役を設置しなければならない対象企業は，具体的には「大会社において監査役会設置会社で株式の譲渡制限のない企業」「公開企業」「大会社（資本金5億円以上，負債額200億円以上）」「有価証券報告書を提出しなければならない会社」のいずれもすべて満たす企業が対象である。

また，上場企業には株主総会の資料は電子版で提供することが求められることになった。現在もホームページのIR（Investor Relation）から業績やコーポレート・ガバナンスなどが記載された年報などを確認することはできるが，株主総会前にメール等で送受信するなど確認できない企業が多かった。

2 改正ポイント　海外投資家など株主との対話

これまでは株主総会の前には，HP上の収集通知の案内は，株主総会前に郵送されていた。それも，会社法299条1項で，郵送期間が定められていた。非公開企業は1週間前まで，上場企業，公開会社では2週間前までに郵送する必要があるとされている。書面投票または電子投票の議決権行使の期限を定めている企業の場合は，会社法施行規則63条3号ロ・ハで招集通知の発送日から2週間を経過した日以後になる。

招集通知を株主に書面で郵送することが原則である中，企業側にとっては，印刷や封入，郵送に係り手間や費用がかかるだけでなく，紙面の制約により，株主に伝えたい情報を多く入れ込むことはできなかった。これが，電子提供制度によりインターネットを利用した方法で，多くの情報を提供できることになる。

　2020年会社法改正では，招集通知関連書類（会社法上の事業報告・計算書類等）の原則電子化により，招集通知の受取や議決権行使等を情報プラットフォームの構築を進めることになった。これにより，事前にインターネットにより株主に対して早めに周知することができ利便性を高めることで，対話の充実や質の向上を目指す。個人株主向けプラットフォームの構築や，事前に名前を確認できるなど個人株主との対話も充実させることになる。収集通知は株主総会の3週間前に情報提供が可能になり，株主総会前に，これまで以上に株主との発展性のある対話を増やすことが可能になる。株主にとってみれば事前に発言や質問を準備することができるようになるが，より深い質問に対して具体的な回答を企業側に求めることも可能になる。企業側にとっては多忙な中，株主総会用の回答方法として練習，準備していたのに，それが株主より細かい質問をされることになり，回答通りにいかず，冷や汗をかくことにもなりかねない。

　そのため，今回の改正では株主提案権には10議案までと制限されることになった。株主提案権とは，株主が一定の事項について，株主総会の議題とすることを請求する「議題提案権」，また議題につき株主が提出しようとする議案の要領を招集通知に記載することを請求できる「議案通知請求権」，株主総会において議題につき議案を提出することができる「議案提案権」を合わせたものを指す。株主提案権は，経営に参加する権利でもあり，共益権の一つである。議題提案権を行使できるのは，一般的に総株主の議決権の1％以上の議決権，または300以上の議決権を6か月前から保有している株主に限定されているが複数株主の議決権数を合算することによって要件を充たすことも可能で，その場合は複数株主による共同提案としても請求可能である。このように株主は重要な役割を果たしているが，これらの議題提案権や議案通知請求権の行使については，株主総会の8週間前までに実施しなければならないのが通常であり，また，同じ議案で過去3年以内に議決権の10分の1以上の賛成を得られなかったことがある場合には，同じ議案を提案することができない。

　それでも，これまでは株主総会でいくらでも提案できていたが，企業側にとってはそれらを精査し議論する時間は大きな負担となっていた。それが，今

回の会社法改正では議案数を10までと制限することにした。さらに内容も誹謗・中傷だけでなく，総会運営を妨げるような提案においても認めないこととした。

筆者が出席した東芝の株主総会では，質問したいと手をあげ続けていた株主が多数いたが，中には過去にリストラにあった人たちも発言し，「これまで人事とやりとりしたが納得できなかった」「不当な解雇である」などと発言し，回答を求めていたが，役員側からは「個人的なことだから控える」にとどまっていた。こういった内容に多くの時間を割かれるのは発展性があるとは言えないが，ただ，これらの件が「運営を妨げる」という理由で，全くはじかれてしまうこともあり得る。実態を知りたい株主からは，このような発言も注視しておきたかったが，意義のある株主総会にしたいとして企業側を守る規定になっている。

3　海外の社外取締役制度との比較

(1)　アメリカの社外取締役との比較

アメリカは中国，日本，韓国，ドイツのように監査役（会）が設置されておらず，社外取締役が非常に重要な役割を果たしている。最も社外取締役の影響力が大きい国といえる。

たとえば，アメリカでは監査役（会）がいないため，監査の機能は，監査委員のメンバーである社外取締役がすべて担っており，その役割は財務監査を通じて業務遂行全体の監査までが含まれている。このようなアメリカのシステムは，日本のように監査委員会の社外取締役が事前チェックとしての経営者のサポート的な役割しか果たしていない国とは異なる。

日本では，たとえ，会計士である社外取締役が監査委員長であっても，経営者である社長が社外取締役を選任しているため，社外取締役が経営者の顔色をうかがっているため機能していないことが多い。

また，日本では監査は監査役（会）が担当しているため，社外取締役がメンバーである監査委員会は，本格的な監査をしなくてもいいという感覚の監査委

員会のメンバーもいる。また，監査委員会そのものが形式的な設置であり，社外取締役が正式な監査機能が行えていない企業が多い。これらは，経営者の株式保有比率が高く，独裁的なマネジメント性質や組織構造などの問題や社外取締役の独立性の低さなどの問題がある。加えて，監査役（会）設置会社は，特に監査役と監査法人企業に監査を委託しているため，監査委員会のその責任が軽くなっているということもある。

もともと日本の監査委員会，社外取締役制度はアメリカの監査委員会の制度を参考に設置された。背景や構造が違うため，必ずしも即効性がある制度になっていない点もあり，早急に設置することには至らなかったのだが，実際のところ今も有効に活用されていない。

アメリカの独立取締役制度は，すでに大企業の不祥事が多発した1990年代，ニューヨーク証券取引所（以下，NYSEという）の上場会社マニュアルにおいても，独立性と構成メンバーについて定めている。1992年に法律協会（ALI）による最終報告書「コーポレート・ガバナンスの原理―分析と提言」（ALI Principles of Corporate Governance, Analysis and Recommendations proposed Final Draft）3.05においては「大規模公開社は監査委員会を設置し，財務書類の監査と業務執行者を監督する機能を支援する」とし，監査機能を強化した。このように不祥事多発から数年ですぐに規定を強化して社外取締役の監査の役割を重要視するようになった。

2002年のサーベンス・オックスリー法（以下，SOX法という）が施行され，社外取締役の独立性の強化，内部統制システムの整備と強化，株主への説明の透明性の向上などが施行された。

しかし，2008年，リーマン・ブラザーズの崩壊により金融危機に陥り，独立取締役の監査・監督機能や取締役会の形骸化などが問題視された。そのためドッド・フランク法の施行，さらに，2009年，全米取締役協会が独立取締役の独立性，独立取締役による会長職の提案などが含まれた10項目の基本原則が提案，2010年には「コーポレート・ガバナンス白書の提案」で報酬委員会の独立性の向上，報酬制度の見直し，長期業績を視野にいれた評価基準の作成，評価

プロセスと結果などの透明性を高めることなどを株主に報告，2010年以降は株主価値への独立取締役の責任，新しいステークホルダー論の価値への責任が増加した。

　それに比べると，日本では不祥事が多発した時期から，検討が進められたが，かなりの時間がかかっている。ようやく2020年社外取締役が義務化されたが，それに代わる制度もなくかなり対応が遅いといわざるを得ない。

(2)　イギリスとの比較

　他方，イギリスでは，1980年，ポリーペック事件，マクスウェル事件などの不祥事が相次いだ後，コーポレート・ガバナンスに関する議論が活性化された。1981年，キャドベリー委員会が設置された。これは，企業，投資家，証券取引所のメンバーから構成されており，企業はコーポレート・ガバナンスを順守しなければならない。順守していない場合は，その理由を開示することが指示された。LSE（ロンドン証券取引所）は，キャドベリー報告書の一部を規定化し，上場企業は法定開示書類の年次報告書，計算書類においてコーポレート・ガバナンスの順守状況を開示する規定である。1995年には，取締役の報酬の決定方法の見直し，報酬の情報開示の改善を提案するグリーンベリー委員会が設置された。「コーポレート・ガバナンスの財務的側面に関する報告書」Code of Best Practice の Comply or Explain（従わなければ説明せよ）の原則により，順守しない場合は，その理由を年次報告書の開示を義務付けた。

　イギリスのコーポレート・ガバナンスが世界の見本とされているのは，社外取締役の研修や紹介を行っている第三者機関が充実しているからである。独立性の高い社外取締役の人手不足も研修で実践力のある人材に育成された。第三者機関で有名なのがイギリスの Pro Net（プロネッド）である。当初は，1982年，イングランド銀行を中心に公的斡旋機関として設立，その後，民間に移行した。1992年，LSEと財務報告評議会によるキャドベリー報告書では，独立取締役の選任に関する規範の順守が規定され，2002年，ビッグス報告書では，独立性の高い社外取締役が普及し，8割の社外取締役が兼任していない。このことから

も第三者機関の研修内容は充実しており，社外取締役が自社の調査に専念することができていることがわかる。社外取締役の役割は，経営陣の監視と戦略策定であり，業績報告の監視，財務情報の指名・報告の水準の決定などとされている。同じように日本でも人材不足が深刻化する中，このような第三者機関の研修を充実させ新人の社外取締役を選任する企業が増加することを期待したい。

(3)　中国の社外取締役との比較

中国では，コーポレート・ガバナンス，社外取締役についての法律上の制度は，実は世界一法律が厳しい国といっても過言ではない。特に，中国では社外取締役に就任する人が選ばれたら，すぐに研修を受けなければならない。それは会社内での研修だけでなく政府も実施している。その1週間ほどの研修を受講後は，試験がある。その試験に合格した人でなければ社外取締役として登録できない。むろん，せっかく企業に選任されたのに就任できない。研修内容はイギリスの研修制度を参考に，中国ならではの政府との関係などが追加されている。

中国企業におけるコーポレート・ガバナンス形態においても，アメリカの制度を参考に監査委員会・指名委員会・報酬委員会があり，さらに経営戦略委員会も設置しているところがほとんどである。日本の指名委員会等設置会社と同じで，各委員会と外部には監査役会がある。

監査役会設置会社ではないが，外部に会計監査などの監査役にも委託している点では日本と同じである。

しかし，監査役会はドイツを参考に，従業員代表監査役もある。しかし従業員は監査の能力がある人材が選任されるわけではないため，その監査機能としての実効性は社外取締役よりも低い。

(4)　取締役の報酬制度—英米との比較

日本との違いにおいては，社外取締役の株式保有比率について述べておく必要がある。日本では法律で取締役の株式保有設定を義務化しておらず，自主的

に設定している企業も少ない。日本では取締役の株式保有率については何の定めもない。もちろん社外取締役もその株式保有について規定を設置している企業は少ない。社外取締役に権限，影響力がないのは，株式を保有しておらず，報酬を企業から得ているという利害関係もあり，株式を保有したほうが利害関係が少なく，公平な立場から指摘できるという見解もある。

そのため欧米では取締役，社外取締役が当該企業の株式を保有することが規定で定められている。

日本では2019年９月改訂「コーポレート・ガバナンスシステムに関する実務指針」において，業績連動報酬や自社株報酬の導入について検討すべきという指摘があった。日本での報酬構成比率は，固定報酬が８割で，短期インセンティブの構成比率は，１割余り，中長期インセンティブの構成比率は，数％，退職慰労金も数％である。社外取締役，常勤監査役，非常勤監査役は，ボーナスなどのインセンティブ報酬は数％で，多くが固定報酬で構成されている。

アメリカでは1993年に税法上の役員報酬の評価基準として，役員に対する高額報酬を抑制するという目的で百万ドル基準を公開法人の役員報酬の損金算入限度額として，導入したとされている。また，SEC（Securities and Exchange Com-mission）が同年に高額報酬に関する情報開示の義務付けもあり，役員報酬の開示により経営者の報酬のみ急増させるなどの独裁的行為を容認しないよう監視する目的と同時に，業績連動型の役員報酬を促進する目的もあった。法人税上では法人が支払った報酬は，業績連動型は，特定の場合を除いておおむね損益参入できる。しかし百万ドル以上の場合は，損金参入ができない。アメリカでは，2017年に大手上場企業200社の調査において，99％の企業が経営者株式保有ガイドラインを策定し，経営者の場合は，株式保有は，報酬の３倍から10倍までと定められており，平均で６倍が目安となっている。アメリカでは，株式保有比率も上昇傾向にあり，CEOだけでなく，COOやCFOなどの業務執行役員なども含まれている。

イギリスでは法人税上の役員報酬に関する規定としては，取締役報酬は，事業上の必要なものであるとされた場合には全額損金算入が可能である。報酬・

給料及び利益連動給与は特に区別されない。イギリスでは，2017年に株価指数FTSE 250を対象とした調査で，経営者に株式保有を義務付けている企業は90％になり，CEOは報州の2倍から3倍，他のCFOやCOOでも2倍以上を保有することを規定しているため，アメリカほど差がない。そのため影響力もアメリカほど大差はないといえる。

　つまり，株式保有数が数人の取締役に分散化しているため，一人の経営者が独裁的な経営をしづらくなる。また，多くの企業においては，投資会社などの法人が8割ほどを所有し，残りの1割以上は個人株主が保有しているため，実際，経営者や数人の取締役，社外取締役などが保有しているのは数％ずつであり，流動的でもある。そのため，常に法人の株主を意識しコーポレート・ガバナンスに対する意識も強く，社外取締役の意見にも耳を傾ける姿勢があるため，不正が起こりづらくなる。社外取締役の抑制効果も働きやすくなっている。

(5)　制度変更と今後の方向性

　海外に比較すると日本の社外取締役やコーポレート・ガバナンスに関する制度の整備は遅れており，実効性が低くなっている。そのため，海外投資家も必然的に日本企業と比較することになり，モニタリング効果の実効性を高めるため法律は徐々に強化されることになる。常に，日本だけでなく諸外国の制度の情報と実態を把握しておくことが大事である。

　2006年施行の会社法では，商法から独立し有限会社法等の関連する法律を統合したものであるが，最低資本金規制の撤廃や会社再編の手続きを簡素化するなど起業や再編促進ための規制緩和を織り込まれた。また，同時に，中小企業に配慮した有限会社の廃止，株式会社制度の創設も盛り込まれていた。

　近年は，安倍政権の成長戦略の柱として，外国人投資家を増やし株式市場を活性化させる目的のためコーポレート・ガバナンスの強化として2014年の会社法が改正され2015年から施行された。これにより，監査委員会を設置する「監査等委員会設置会社制度」が創設した。これまでの委員会設置会社は「指名委員会等設置会社」と名称がかわった。監査委員会を設置させることで，監査委

員のメンバーに社外取締役を入れ監査機能を強化させようとした。そのほか，社外取締役を設置しない会社は，定時株主総会における説明の義務があることなどを盛り込んだ。しかし，この監査等委員会設置会社に移行した企業は，2018年8月時点で東証一部でも24％程度である。旧委員会設置会社から移行した指名委員会等設置会社は数％でしかない。6割余りが従来の監査役会設置会社のままである。社外取締役を設置していない企業も株主総会での言い訳を説明さえすればペナルティもない。これまでの社外監査役をそのまま社外取締役にスライドさせただけの形式的な設置をしている企業も多い。企業統治に関しての自主的なルール作りも遅れており，社外取締役設置が義務化されていないのは日本だけだった。

2015年会社法改正第25条に「政府は，施行後，2年を経過した場合において，社外取締役の選任状況やその他の社会経済情勢の変化等を勘案し，企業統治に係る制度の在り方について検討を加え，必要があると認めるときは，その結果に基づいて，社外取締役を置くことの義務付け等所要の措置を講ずるものとする」とある。社外取締役の実践的な設置が進まない場合は，義務化すると明言していたとおり，2020年会社法で，社外取締役設置の義務化が現実となった。

しかし，その規定は，監査・監督機能の強化という点では期待できない。日本でもこれだけ不祥事企業が増加しているというのに，欧米に比較して，社外取締役設置だけでなく権限の強化に関して，非常にゆっくりとしか進んでいない。近年，業績がよくなっている企業も増えている中，アベノミクス成長戦略を維持したいため，コーポレート・ガバナンス，社外取締役の制度改革も企業に配慮した形でおさまった内容になっている。

社外取締役の設置を義務化することはコーポレート・ガバナンス強化につながる。しかし，欧米，中国などに比べるとまだ監査機能を強化するための内容が少ない。2020年会社法改正でも形式的な設置をする企業が多く，社外取締役をお飾りとしての役目のみで，監査・監督機能を活用しなかった場合，さらに，諸外国のように強化されることが安易に予想できる。例えば，それは，「社外取締役のうち最低一人は会計士資格保有者であること」「監査委員会を設置す

ること」「その委員長は会計士の社外取締役であること」である。

　義務化されていないのはアジアでも日本だけということもあり，『CG Watch 2018』ではCG rulesという項目で，アジア諸国の平均点が60点であるのに日本は47点でしかない。合計121の調査項目について，ACGAが独自の評価基準を設け，6段階評価であるが，対象はアジア11市場に，オーストラリアを加えた計12の市場である。2016年に実施された前回のCG Watchから，評価方法に変更が加わっているが，日本は，コーポレートガバナンス・コード，スチュワードシップ・コードの改訂をしたため前進はあったが，他と比較すると，前回の4位から落ちた。特に，以下の点がマイナスポイントである。

　少数株主保護に関する点では，買収ルールに付随する少数株主保護，株主総会開催日の集中と，株主総会までの期間の短さ，株主による重要提案の制限，第三者割当に関するルールである。また，取締役会のカルチャーやプラクティスに関する点では，取締役の研修，株式への担保権設定，関係者間取引に関する情報開示，経営幹部や取締役の報酬開示，独立取締役の定義，企業のガバナンス形態によって異なる監査を担う機能（監査委員会，監査等委員会，監査役会）の違い，役員の選任プロセスなどである。まさに，これらは段階的に諸外国と比較して制度が強化されていくものである。

表2-3　コーポレート・ガバナンススコア

オーストラリア	71　銀行の不正あり，ガバナンスの立て直し必要。国レベルの取り組みも望まれる
香港	60　種類株の導入により後退がみられ，政府方針が不明慮。
シンガポール	59　新CGコードと相反し，種類株解禁，ガバナンスの後退
マレーシア	58　新政府の腐敗対策が完全に封じ込めるか課題
台湾	56　2018年から3年間のガバナンス改革ロードマップにより段階的改革がみられる
タイ	55　前進しているが，腐敗とメディアの自由度に懸念あり
日本	54　ソフトロー改革の比重が多く，ハードロー改革とのバラナンスを図るべき

出所：KPMG「ACGAのコーポレート・ガバナンス調査の結果に見るアジア及び日本市場の状況」2019年3月12日を参考に筆者作成。

これらは基本的な内容であり，今後はさらに細かい内容まで法律が強化されることが考えられる。すでに「監査委員会の過半数から全員が社外取締役であること」など細かい規定も定めている国や州もあることを考えると，社外取締役設置の義務化はただの始まりでしかなく，監査・監督機能の能力のある人材，影響力のある人材，独立性の強化，さらには報酬を企業，経営陣から受け取るシステムではなく取締役協会や日本コーポレート・ガバナンスネットワーク，監査役協会などの第三者機関を介して受け取るようにしたり，株式を保有するなどのシステムの構築も必要であろう。モニタリング効果，監査・監督機能の実効性のあることを立証する方法なども模索する必要があるだろう。

4　役員報酬の透明化

アメリカ，イギリスにおいては，上場企業の取締役の半数以上は社外取締役であり，委員会でも社外取締役だけで構成されていることが多い。それだけ社外取締役の監査・監督機能の役割と責任は大きく，役員報酬についての規定も厳しい。

アメリカでは，CEO・CFOまた報酬金額の上から3番目までの取締役の報酬に対しては，過去3年の報酬内容と金額を開示しなければならない。さらに，その他の全員の取締役についても，過去1年分の報酬を開示しなければならない。

イギリスにおいても，取締役全員分の過去2年分の報酬内容と金額を開示しなければならない。

他方，ドイツでも，取締役会の構造が異なる二層制でありファミリー企業が多く，監査役会は一般的な社外監査役と従業員代表監査役が半数ずつで構成されている。従業員もガバナンスに中心的に参加できる構成になっている。そのため，原則として執行役の個別の報酬金額の開示が義務付けられている。

日本でも報酬の公開について議論されている。

2018年11月に日産自動車のカルロスゴーン会長が，有価証券報告書への報酬額の過少記載などで逮捕され，役員報酬の決定や開示方法が注視されている。

2010年3月に「企業内容等の開示に関する内閣府令の改正」が施行，上場企業は取締役などの報酬の種類別の総額と，連結子会社含む役員としての連結報酬が1億円以上の場合，有価証券報告書へ記載することが義務付けられた。

　2018年は，1億円以上の報酬を受け取っているのは過去最多の700人台になった。役員報酬の最高は，ソニーの平井一夫会長の27億円余りだったが，基本報酬やストックオプションだけでなく，社長退任で株式退職金11億円余りが含まれた。

　日本では役員報酬は基本報酬がほとんどを占めているが，英米のように特に報酬金額が非常に大きい役員業績連動型をとる企業も増えている。役員報酬の個別開示制度は，個人情報だから開示しないと反対論も多かったが，株主やステークホルダーへの説明責任として評価されるようになっている。

　そして，2019年1月「企業内容等の開示に関する内閣府令の一部を改正する内閣府令」（以下，改正開示府令）が公布・施行され，これまで役員の報酬は基本給，ストックオプションや退職慰労金などの種類だったが，固定給と業績連動型報酬などの種類の区別も追加されることになった。また，役員の報酬に，業績連動報酬が含まれる場合は，業績連動報酬は何％を占めているのか，業績連動報酬とそれ以外の報酬等の割合の決定方針の内容も明記する必要がある。また，業績連動報酬は何を基準に決めるのか，業績連動に係る指標と，その指標を選択した理由も明記しなければならない。加えて，業績連動報酬額の決定方法，業績連動報酬に係る指標の目標，実績などもあわせて記載する必要がある。役職ごとの方針を定めている場合はその内容，方針の決定権限を有する者の氏名を記載する必要がある。例えば代表取締役が一人で決定したのかどうか，その権限の内容，範囲などについて公開する必要がある。

　さらに指名委員会等設置会社のように報酬委員会があれば，そのプロセス，メンバーなどを明記すること。もし，報酬委員会がなければその代わりとなるその方針の決定に関与する委員会が存在しているのかどうか，また，その手続の概要としてどのような手順でいつどのようにどのメンバーで決定されたのかなどを明記する必要がある。

指名委員会等設置会社以外では，役員の報酬等に関する株主総会の決議がある場合は，その内容，決議の日程，役員数を明記する。報酬に関する株主総会の決議のない場合は，役員の報酬等について定款に定めている事項の内容と最近の事業年度の役員の報酬額の決定プロセスの取締役会などの内容を明記する。報酬委員会が設置されている企業では，その活動内容を記載しなければならない。

　役員報酬1億円以上の役員に対する開示制度は2010年3月期から開始されたが，その開示義務は，変わらない。これまでと同様に連結報酬等の総額が1億円以上である役員のみ，その氏名と役員の名称，総額，連結報酬等の種類などを明記することになっている。

　しかし，1億円以下なら個別報酬は明記せず総額を公開すればいいのである。つまり，日産のカルロスゴーンなどで問題視されている報酬の決定は，コーポレート・ガバナンスとして重要なポイントであるが，報酬が1億円以下の役員報酬なら開示の必要はなく，他の役員との総額を記載すればいいのだ。透明化への関心が高まっていた役員報酬の決定方法，開示方法については，取締役会での基本的な考え方や決定方法などを開示，また固定報酬や業績連動型報酬など，報酬の種類ごとに基準を示すだけにとどまり，個別役員の報酬開示は見送った。

　ちなみに内閣府「国民経済計算年次推計」によると2019年3月期の役員報酬の金額ランキングでは日産のカルロスゴーンよりも高い報酬を得ているのは1位のソフトバンクグループのロナルドフィッシャー氏の32億円，2位の新日本建設の金網一男氏の23億円，3位のソフトバンクグループのマルセロ・クラウレ氏の18億円，4位の武田薬品工業のクリストフウェバー氏の17億円が並んでいる。大企業の役員報酬の金額は昨年より2.9倍に増えているのにもかかわらず，労働者の賃金が減り労働分配率が下がり，正社員など有期雇用が44％でしかないことを考えると，今後は，海外投資家の指摘も厳しくなり役員の「個人」の報酬の開示が義務化されるのも，そう，遠くないかもしれない。

【参考文献】

大和総研グループ横山淳「独立役員などに関する東証規則改正」2010年1月5日。

日本取引所グループ「金融商品取引法研究会　有価証券上場等の具体的検討(1)」。

日本取締役協会「社外取締役及び社外監査役の要件等が改正」平成27年5月25日補訂。

日本取締役協会「上場企業のコーポレート・ガバナンス調査」2019年8月1日。

みずほ総合研究所政策調査部主任研究員伊藤秀樹「ガバナンスを狙う会社法改正」2019年7月24日。

三菱UFJ信託銀行「証券代行ニュース」No.166特集　法務コンサルティング部「独立役員の独立性に関する判断基準の分析」2019年11月8日。

KPMG「ACGAのコーポレート・ガバナンス調査の結果に見るアジア及び日本市場の状況」2019年3月12日。

柏木理佳（2015）『日本の社外取締役制度－現状と課題－』桜美林大学北東アジア研究選書。

柏木理佳　東洋経済オンライン「社外役員『高報酬なのに機能不全』の大矛盾」2018年6月23日。

柏木理佳　Business Journal「不祥事予備軍だった企業リスト『今年不祥事を起こす企業』の見抜き方を公開」2020年1月24日。

第3章　社外取締役の実態

1　平均報酬600万円の社外取締役の活用方法

　朝日新聞と東京商工リサーチの調査では，東証第一部上場企業の社外取締役の平均報酬は663万円（2018年4月時点）で800万円以上が3割を占めている。日経平均225の組み入れ銘柄では平均1,200万円である。東証一部の社外取締役約5,000人のうち半数が経営者や元経営者が占めている。それなのに弁護士は約730人で，会計士・税理士が約530人のみで1割ほどである。ちなみに企業との利害関係のための選任であることも多い元官僚などは約480人もいて，その平均報酬は約750万円で平均600万円より高い。

　影響力がある著名人や他の企業の経営者，さらに監査役や社外取締役の経験者になると，それなりに高い報酬が求められることになる。例えば，筆者が，ヒアリングした社外取締役は経営者としての手腕が評判で著名人で影響力もある。数社の社外取締役を兼任しており，その報酬だけで数千万円になり，新しく立ち上げた自分の会社の資金繰りにしている。「兼任が多すぎることについては株主総会で指摘されたが，他社の経営方針を知ることはかえってプラスになる」と話している。多忙なことはマイナスだが，それ以上に経験が評価されるため，日本では社外取締役の経験の全くない人材を選任するより，多忙でも経験者を選任する無難な形式的な対応をしている傾向にある。

　企業側にとってみると，これだけの報酬を払っているのに社外取締役は毎月1回開催される取締役会に出席するだけである。有効な意見を述べてくれるならまだしも，そうでない場合やただ取締役会の内容を混乱させる反対意見を言われるなど会議の進行を遅らせるとして，邪魔な存在にもなりえる。筆者がヒアリングした結果，取締役会の資料の配布が3日前という企業もある中，瞬時に取締役会の会議の内容を把握して，どのような意見を求められているのか判断しなければならない。しかし，そのようなことは実際は不可能であり，結局，

形式的な設置にすぎない。つまり，株主に対して文句がこない選任をすること
になるのである。

2　社外取締役の業績促進効果

　そうやって考えてみると，やはり企業側にとってみると，社長の知人などや
関係者で独立性の低いイエスマンの社外取締役が多いほうが取締役会の進行が
早く進みやすくなる。結局，監査・監督の実効性の低い人になるのである。

　期待と現実の中で，経営陣にとってみるとリスク管理よりも，まず，第一に
期待するのが業績促進効果である。経営の手腕があり，過去に業績回復させた
経営者を選任する企業は多いが，分析結果によると実際にはその効果は一部に
とどまるという結果もある。

　しかし，まず，実効性の高い社外取締役を選ぶ前に，企業側は，社外取締役
に何を期待しているのか，何を求めているのか明確にする必要がある。当初，
社外取締役制度ができた本来の目的は，不祥事企業の減少，経営陣の不正行為
の抑制である。したがって，社外取締役の役割は大きく以下に分けられる。

①　監査機能：会計監査が正しいのかどうか，収支のバランスや使途不明金
　がないかなどを確認する

②　監督機能：経営陣の行動が正しいのかどうかモニタリングする

　しかし，筆者がヒアリングしたところ社外取締役が最初に企業を訪問した際
に受ける説明及び研修などでは，経営者の監査・監督に関する説明よりも株価，
業績などの説明が多い。

　実際，筆者のアンケート結果[1]からもわかるように，本当のところ企業側，
経営者が求めているのは，業績促進効果である。経営者は株主からも株価上昇，
業績促進への圧力があるため，経営者はどうしても社外取締役に経営アドバイ
ザーとして期待することになる。特に景気が低迷していた日本では，経営者は
なんとしてでも業績を上げたかったはずである。実際，早くから社外取締役を
設置した企業においては，社外取締役設置後，業績が上がった企業もある。

　2002年，商法改正により英米型を参考に社外取締役によるモニタリング効果

を期待した委員会設置会社制度が導入されたが，いち早く2003年，委員会設置会社（監査委員会，指名委員会，報酬委員会を設置している企業）に移行し社外取締役を設置したイオン，いちよし證券，オリックス，コニカミノルタ，ソニー，HOYAなど26社の企業においては，筆者の調査分析では，2003年から2005年の株価は14社が上昇，下落したのは6社，ほとんど変わらないのは6社である。当時，日経平均株価は全体的に上昇傾向にあった。そう考えると必ずしも株価上昇の影響があるとはいいきれない。

　また，UBS証券の大川智宏などの分析によると社外取締役を設置している企業はROE（1株当たりの利益÷1株当たりの株主資本）の改善，配当性向が高いという結果がある[2]が，しかし，実は大企業に絞るとROE効果はあまり見られなかった。そのため，この点においても期待ほど大きな効果があるのかどうか，その企業しだいであるといえる。

　また，社外取締役が多いと「業績予測」の目標数字が低く設定されているというデータもある。つまり，業績の予想が大きければ，株主は，期待するため株を購入するであろうが，社外取締役は「根拠もなく，こんなに大きく来期予想を見積もってもいいのか」という数字の独り歩きを抑制し，現実に近い，慎重な数字を提示する傾向にある。

　宮島英昭と斎藤琢磨の分析では，外国人持ち株比率が低く，資本市場の規律付けが弱い企業ほど，社外取締役の増員による業績改善効果が大きい。外国人持株比率が10%低くなると，社外取締役を2人増員した際のROAの改善効果は0.6%高い。また，社外取締役の増員は独裁的経営者の多い家族系企業で有効である。たとえば，取締役会メンバーの株式保有比率が10%高くなると，同じく2人増員した際のROAの改善効果は0.3%高かった。また，売上高でみると，中程度の規模で社外取締役増員の効果が最も明確であったが，大規模な企業では効果が小さい。

　したがって，社外取締役を設置することが，すぐにすべての企業において業績促進効果に直結するというわけではない。日本経済新聞2019年1月21日付け朝刊において，早稲田大学の宮島英昭の12年に発表した論文として以上の内容

を紹介している。

　製品の独自性が低く、複雑な事業を持たない企業ほど、社外取締役の選任で業績が改善しやすいという分析結果もあり、事業内容が単純であると、その分、改善策もわかりやすい。目的が明確であると、それを社外取締役に依頼しやすく、効果もでやすいということだ。また、コンサルタントなどのサービス業では社外取締役の存在・役割は業務改善に効果はないと結論づけている。

　改善したい事業分野を明確にすること、また改善方法を考えた上で、社外取締役を選任することである。たとえば、大量にリストラを実施するなら人的資源管理や人材育成研修、人事、総務部の経験者やコンサルタントの経験が必要であるが、海外進出ならグローバルマーケティングや海外勤務などの経験者がいい。また、新技術開発なら製品の開発研究、技術出身者、ライバル企業の経営経験者などが望ましい。

　一からすべてを社外取締役にアドバイスしてもらうのではなく、問題点を明確にして改善対象も明確にした上で選任することである。

　業績促進効果が明らかではない中、それでも経営者は社外取締役に経営アドバイザーとしての機能を期待している企業は多い。

　日本総研「上場企業アンケート調査から見える独立社外取締役の実態」(2016年)「企業が社外取締役に期待することは助言、アドバイザーである」が7割を占め、5割ほどが監督を求めている。社外取締役に求められる資質では「リスクを把握する質問力」が85％、次いで「経営者としての経験」が65％、「財務リテラシー（コーポレート・ファイナンスやM&A）」が34％となっている。

　PWC 2018の「コーポレート・ガバナンスに関するアンケート調査結果」では社外取締役の人材不足があげられ、人材不足としては「専門知識のある社外取締役」が5割、次に「経営者の経験がある社外取締役」が4割余りで「会計・法律の知識がある社外取締役」が1割余りでしかない。また、実効性の評価として十分に果たしている内容は、「経営の監督」が5割余り、「リスク管理」が3割である。

　その証拠に、社外取締役の職業を見ると、元上場企業の役員が半数以上を占

め，中規模企業の元経営陣も含めると8割以上を占めることになる。最近になり，不祥事企業が増加している中，会計士や弁護士の社外取締役が若干，増加している。とはいえ全体の1割以下でしかない。

3 監査・監督機能，不祥事抑制への効果

多少の例外はあるが，実効性があるこれまでのデータとして明らかなのは，社外取締役を設置している企業は設置していない企業に比べて不祥事企業が少ないということである。日本においてもそうであるし，中国においても筆者の調査結果からも，優良企業では社外取締役の比率が高く，不祥事企業では低かった。しかし，会計士の人数が2人以上の場合は，必ずしも不祥事を抑制できないという結果もでた。それは，筆者が日本企業，社外取締役などをヒアリングした結果と同様に，同じ責任，役割がある会計士，監査役が重なるとお互い気を使い，責任が分散化されるなどのマイナス面が浮き彫りになったのである。

実効性の低い社外取締役が多いのは，形式的設置が多すぎるという企業側の実態もある。これまでは，社外取締役の比率が高いと不正抑制効果があるという結果があっても，社外取締役設置企業が増加しているのにもかかわらず，不祥事企業は増加している。

指名委員会等設置会社（監査委員会，指名委員会，報酬委員会を設置），監査等委員会設置会社（監査委員会のみ設置）へ移行した企業は少なく，まだ7割が監査役会設置会社である。

背景には，社外取締役の監査機能の実効性が問題視されていることもある。例えば，監査等委員会設置会社に移行した企業においても，社外取締役の業務執行取締役の監視・監督機能は従来の監査役会設置会社の監査役よりも実効性が高いとは言い切れないからでもある。

その背景には，以下の法律上の問題もある。

① 監査能力・欧米，中国など諸外国と異なり社外取締役の条件に会計士の資格や監査の経験が問われていない

コーポレート・ガバナンス白書では，社外監査役は，東証上場会社では「他の会社の出身者」が49.8％を占め，「弁護士」(20.5％)，「公認会計士」(16.5％)，「税理士」(6.9％)，「学者」(2.4％) である。監査等委員会設置会社では「他の会社の出身者」が51.9％，「弁護士」(20.1％)，「公認会計士」(15.1％)，「税理士」(5.2％)，「学者」(3.4％) である。東証上場全社では，「他の会社の出身者」は，2012年65.2％ (835人)，2014年63.9％，(1,472人)，2016年59.3％ (3,644人)，2018年59.1％ (4,338人) である。企業形態別では，監査役会設置会社では64.5％，監査等委員会設置会社では48.6％，指名委員会等設置会社では58.8％となっている。次に「弁護士」が2012年13.1％ (168人)，2014年13.8％，(317人)，2016年16.1％ (986人)，2018年16.0％ (1,172人) と微増しているが，経営者に比較するとまだ少ない。

② 監査役との重複：商法上，監査の役割，責任，権限が不明確で監査役と重複しているため責任の個所も曖昧である

4 社外取締役制度の課題

実態としては以下の点が問題視される。

第三者組織からの紹介ではなく，経営者が知人や家族関係者を選任している。独立性が高く，監査機能がある会計士を選任している企業はまだ少ない。独立性を高くすると，部外者であることから，専門知識が低くなり，取締役会の進行を遅らせるマイナス面もあるが，専門性は研修などを通して企業は育てることも必要であろう。

リクルート，日本コーポレート・ガバナンス協会，取締役協会など人材を紹介する人材ビジネス会社や第三者機関もあり，独立性を重んじるならこういった機関を利用することもできる。しかし，専門的な知識が必要とされる技術系の企業では，専門性がある人は元役員や取引先であることが多く，結局，組織文化にすっかりすっぽり入り込んだ人が多く組織ぐるみで意見をいいづらくなる。

組織文化が強い大企業で古い会社ほどピラミッド型でモニタリング効果が発

揮しづらい構造などの問題がある。

　外部役員として社外取締役や社外監査役に期待されているのは，経営者に対する監査・監督機能である。監査については，妥当性まで踏み込む必要があるが，監査役も社外取締役も権限が明確ではない。また監査役のほとんどが会計や監査としての能力，経験がなく，社外取締役においても数％程度である。これらの選任，任命に対する条件においても監査・監督機能として求めておらず，その規定は厳しくない。

　後述するが「監査機能は監査役に任せているから社外取締役には会計士の資格は求めていない」という経営者も多い。しかし，社外監査役においても会計士は少ない。

　東証上場会社のコーポレート・ガバナンス2019によると監査等委員会設置会社においては，「弁護士」や「公認会計士」の比率が監査役会設置会社より高くなっている。監査役会設置会社は13.3％，監査等委員会設置会社21.3％，指名委員会等設置会社14.2％。会計士は監査役会設置会社6.5％，税理士1.6％を含めても8％余りでしかない。監査等委員会設置会社では会計士16.4％，税理士5.6％，指名委員会等設置会社では，会計士11.9％で，税理士を含めても同じである。いずれにしても監査としての期待度が高いなら会計士を多く選任することが予想されるが，1割程度でしかない。

（注）
(1)　前掲2章注(1)。
(2)　日本経済新聞朝刊の2014年6月29日付け，UBS証券大川智宏と日本経済新聞の調査による。

【参考文献】
朝日新聞朝刊　座小田英史・加藤裕則「社外取締役，報酬は年平均663万円，兼務で高額報酬も」2019年2月24日。
柏 木 理 佳（2017）「The Effectiveness of the Independent Non-Executive Director Against Fraud within Private Listed Companies in China」『日 本 貿 易 学 会 誌・JAFTAB Journal』第54号，85−101ページ。
柏木理佳（2014）「中国民営企業における研修内容からみる独立取締役の監査・監督機

能－独立取締役のアンケートをふまえて－」『経済社会学会』第36号，103－117ページ。

日本経済新聞朝刊　宮島英昭・齋藤卓爾「企業統治　何が足りないか（下）「社外取」増　業績改善に条件　市場規律弱い企業で効果」2019年1月21日。

齋藤卓爾（2011）「日本企業における社外取締役の導入の決定要因とその効果」宮島英昭編（2011）『日本の企業統治』東洋経済新報社，181－213ページ。

宮島英昭・小川亮　経済産業研究所（2012）「日本企業の取締役会の変化をいかに理解するか　取締役会構成の決定要因と社外取締役の導入効果」。

宮島英昭（2012）『社外取締役の義務化を考える：企業特性に応じた導入を』独立行政法人経済産業研究所　宮島英昭・青木英孝（2002）「日本企業における自律的ガバナンスの可能性－経営者専任の分析－」。

宮島英昭・稲垣健一（2003）『日本企業の多様化と企業統治』財務省財務総合政策研究所。

宮島英昭・新田敬祐・齊藤直・尾身祐介（2004）「企業統治と経営効率：企業統治の効果と経路及び企業特性の影響」『ニッセイ基礎研究所所報』Vol. 33。

内田交謹（2012）「社外取締役割合の決定要因とパフォーマンス」『証券アナリストジャーナル』第50巻，8－18ページ。

叶康涛・祝継高・陆正飞等（2011）「独立董事的独立性：基于董事会投票的证据［J］」『経済研究』(1)。

日本総研ニュースレター2016年6月号「上場企業のアンケート調査から見える独立社外取締役の実態」2016年6月1日。

PWC「コーポレートガバナンスに関するアンケート調査結果2018年版」2018年5月。

柏木理佳（2015）桜美林大学大学院　国際学研究科　国際人文社会科学専攻　博士授与論文『中国民営企業における独立取締役の監査・監督機能－日中比較及び研修機関の役割の一考察－』。

東京証券取引所「東証上場会社コーポレート・ガバナンス白書2019」99ページ。

第4章 監査役との役割・責任・権限の比較

1 ドイツ，中国，韓国の監査役制度の比較からみた日本の監査役の実際

日本の社外取締役の実効性が低いのは，以下のとおりである。

① 欧米，中国と異なり社外取締役の条件に会計士の資格や監査の経験が問われていない。監査能力そのものがない人を選任している。

② 第三者機関などからの紹介ではなく，経営者が知人や家族関係者を選任していることが多い。

③ 専門知識が高いと独立性が低くなるとの矛盾があり，選任方法に問題がある。独立性と専門知識とのバランスや独立性の基準，第三者機関や人材ビジネス会社などからの紹介を規定に入れたり，人材の育成研修強化，確保にも問題がある。

④ 日本独特の組織文化により経営者や監査役や社外取締役との利害関係から監査・監督しづらい構造などの問題がある。

さらに法律上，以下の問題もある。

① 監査役と監査の役割，責任，権限の不明確さと重複も問題がある。

本章では，監査役との役割の重複に焦点をあてる。社外取締役の監査役の実効性を高めるためにはどうすればいいのか。また役割分担はどうするのかを確認する。

また，日本企業の特徴を分析するために，監査役会のある中国，韓国，ドイツの制度とも比較する。

まず，中国における監査役制度は，イギリスと日本，加えてドイツの従業員代表監査役制度も取り入れている。

1909年に会社法により会計監査が設置され，1914年の公司条例が公布し，1929年公布，1931年に施行，財務の監査，取締役と執行役の監督する機関とし

て監査役（会）が設置された。1946年には，公司法が改正，会計監査と適正法監査が役割となった。1950年，私営企業暫定条例により監査役設置，1992年は国務院「株式会社規範意見」（59条，65条）により監査役会の監査に加えて，ドイツを参考にした従業員代表参加も設置された。1993年には監査役は1人から3人に増え，企業内の新機関として設定することが義務化された。2005年，監査役（会）制度が強化され，2008年には，企業内部統制基本規範において，監査役の役割に会計監査・業務監査・妥当性監査が権限として加わり，監査委員会などを設置し監査委員の独立取締役が監督，監査役（会）と従業員代表の監査委員会も監査を担うことになった。

監査役はドイツ，日本と異なり合議制であり単独では行使できない。権限では，「財務の監査，業務執行者の執行内容の監査と定款や法律に違反した取締役に対する監督」「取締役が違反した場合，是正を求める権限」「取締役が法律や定款に違反し監査役が株主から提訴され損害賠償を払うことになった場合，会社を代表して取締役を提訴」できる。基本的に会計・財務の検査の業務が中心で，取締役会の行為の適法性，妥当性を監督，法律や定款違反の取締役などに対する罷免が可能である。

法律上の社外取締役との違いは，監査役は財務監査業務が事後であり，監査委員会の社外取締役は事前の財務の監督，内部統制の審査，業務執行に対する妥当性の有無の判断をすることである。

社外取締役は，会計監査の監督もあるが，社内外の意思疎通業務や会計事務所の任免案の提出・解任の提案権であり，監査役より財務監査に精通したチェック機能はない。社外取締役は監査委員会にて不正と疑われるような重要な問題を発見した場合は，まずは監査役（会）に報告する点は日本と同じである。不正発覚後は，監査役（会）が監査を実施し，違法行為是正権を行使する。日本よりも監査役に対しての監査機能への権限，依存度が高いといえるが，日本と同様に監査役の条件として財務経験や会計士の資格が求められておらず，実効性が低い。また，多くの監査役の学歴は社外取締役よりも低い。その実効性はさらに日本よりも低いことがうかがえる。

　一方，韓国は，1997年以降，経済が低迷しIMFの支援を受けると同時に財閥企業において構造問題の解決のため日本より早くアメリカ型のコーポレート・ガバナンスの制度を導入した。従来は日本と同じ監査役（会）と取締役会を設置する企業統治形態だったが，1999年商法改正により監査機関として監査役（会）を置かずに，大企業で上場企業についてはアメリカ型の監査委員の設置が義務化された。

　現在は，商法で資産総額2兆ウォン以上の上場会社の場合は，社外取締役設置が定められている。1千億ウォン以上の上場会社は社外取締役の設置か常勤の監査役のどちらかの選択制である。監査役の経歴は起業家及び財界出身が8割以上を占めており，会計士などの監査の能力がある人材は数％に過ぎない。日本よりも縁故で監査役が選任されており，取締役のモニタリングとしての意識が低い。日本，中国と同様に監査の条件に規定がなく，会計監査の実効性が低い。取締役会は業務執行機能と監視機能を同時に遂行しており，日本の監査役（会）設置会社と同様に自分で自分の業務執行を監視する企業統治だった。社外取締役や監査役が業務執行者を監査・監督する機能，影響力は日本や中国よりも少ない。

　次にドイツの監査役制度を紹介する。

　監査役制度において，ドイツは，見本となるべき存在である。まず，ドイツでは，二層制取締役会で執行役会（Board of Management）が業務執行を行い，監査役会（Supervisory Board）が監督を行う。執行と監督が分離されている。

　1990年代にドイツでも不祥事が相次ぎ，中でも大企業の不祥事が相次いだ。1994年のメタルゲゼルシャフト社の巨額損失事件は監査役会の執行役会に対する監督が機能していなかったことが問題視された。そのため1998年には「企業分野におけるコントロールと透明性に関する法律（コントラック法）」が制定，1990年代後半には，シュレーダー政権の「コーポレート・ガバナンス委員会」が結成，2002年に「コーポレートガバナンス・コード」が創設された。また，2002年，倒産したゼネコン大手のフィリップ・ホルツマンの影響も大きく，銀行や監査役会によるガバナンスの機能不全が指摘された。イギリスと同様のプ

リンシプルベース，コンプライ・オア・エクスプレイン（従わなければ説明せよ）に基づいている[1]。

2　ドイツ従業員代表監査役制度について

　ドイツには従業員や労働組合の代表が監査役会を担っている。ドイツの二階層システムにおいて，従業員から選出される従業員の代表が監査役となるのが共同決定制度（従業員代表監査制度）であり，1976年に制定された。従業員2,000千人以上の会社の場合，監査役会を20人で構成する必要がある。構成員は株主代表10人と従業員代表者が10人などと同数でなければならない。株主代表については株主総会にて選出され，従業員代表については，当該企業の労働組合などから選ばれる。従業員8,000人を超える企業では，間接選挙で選任され，8,000人以下なら直接選挙で選出されるのが原則である。監査役会議長は株主代表から選出することになっている。

　ドイツの従業員代表監査役制度を参考に中国でも従業員代表監査役制度を取り入れたが，ドイツの監査役は，選挙により選ばれる点が中国とは異なり実効性が高い。

　また，ドイツは従業員代表監査役だけでなく，社外監査役も実効性が高い。独立性が高く，監査の専門知識，経験がある人を監査にすることが条件に盛り込まれており，中国や日本とは異なる。

　ドイツでも外部の会計監査などとの兼任は可能だが，会計士の資格保有者など監査として充分な能力が備わっていることが条件に問われており，日本や中国よりも監査としての機能が高く要求されていることがわかる。

　今後，日本においても社外監査役において会計士や財務経験者などの監査機能としての能力があることが条件に加わる可能性もある。

3　日本の監査役制度について

　日本の監査役については，最初の旧商法では，株式会社の機関に監査役が設置され，監督と会計検査の権限が整備されていたが，1950年の商法改正では会

計検査機能のみになり，1974年から2001年までの期間の商法改正法では，再び，適正法を含めた監査と業務監督機能が備わった。2002年には，監査役の任期は３年から４年になり，取締役会の出席や意見陳述義務が加わり，監査役の辞任後は株主総会にて意見陳述権が認められた。監査役選任の同意見，議案提案権が認められるなど監査役の権限が強化された。2005年までには監査役の半数を社外の監査役にすることが義務化された。

しかし，監査役の実態は，会計士の資格保有者や財務経験者は少なく，ほとんど長期間企業に貢献してきた経営陣などがなることが多く，監査役の実効性についての先行研究も少ない。

監査役の権限，役割を再確認しないまま，監査等委員会設置会社や指名委員会等設置会社を導入した。監査等委員会設置会社の監査委員会は３人以上で，社外取締役委員の過半数を占める必要がある（会社法326条２項，331条６項，399条２第１－３項）。これだけの人数を確保できないため監査役会設置会社のままの企業も多い。

また，監査役と社外取締役の役割が重複していると，選任するほうも戸惑うが，監査役や社外取締役の本人も気を使いあって業務に集中できない。

監査役は，株主総会で選任され，株主に代わり取締役の職務執行を監査するのが役割であり，独立した機関として取締役の監査を実施することで，健全で持続的な企業の成長と中長期的な企業価値の創出を実現することになる。監査役は，本来，企業統治体制を確立する責務を負っており，取締役会に出席し必要があると認めるときは，意見を述べなければならない。また，事業報告書類などに関連する明細書などにおいて監査し，監査報告書などを作成しなければならず，取締役の職務執行の監査をすることになる。この点においては，社外取締役よりも，かなり監査プロセスが求められていることになる。特に，監査役会設置会社においては，各監査役の監査報告に基づいて監査報告を作成し，株主総会の議案，提出書類の調査などにおいても調査しなければならない。法令若しくは定款に違反している場合は，その調査の結果を株主総会に報告しなければならないなど，取締役会とは独立して客観的な判断を下すことが求めら

れている。会計監査人が欠けた場合などは，監査役は，一時会計監査人の職務を行うべき者を選任し，監査の方針，会社の業務，財産の状況の調査なども担っている。

表4－1　監査役と社外取締役の権限

異なる点	監査役（監査役会）	社外取締役（監査委員会）
選任方法	株主総会において選任（第280条，第254条）	取締役会で取締役の中から選任（商特21条の8第2項4号）
取締役／取締役ではない	取締役，子会社の取締役会計参与の執行役を兼務禁止（第335条2項）	取締役である（商特21条の8第2項4号）
取締役（会）への権限等	取締役に対する職務執行の監査と監査報告書の作成（第381条1項） 取締役会への出席及び意見陳述義務（第383条1項） 取締役の違法行為の差止請求権（第385条1項） 取締役と会社の訴訟代表権（第386条）	取締役の選任及び報酬等に関する監査等委員としての意見を陳述する（会社法342条の2第4項，361条第6項，399条の2第3項3号） 監査等委員の取締役の選解任及び辞任について意見を述べる（会社法342条の2第1項）辞任後，取締役会に出席，辞任理由を述べる（会社法345条第2項，342条の2第2項） 指名された委員のみが取締役の職務執行に関する報告請求権や会社の業務財産の状況を調査（会社法399条の3第1項）
会計監査人の選解任	会計監査と業務監査に関する会計監査役から監査報告を受ける（第357条・第397条1項3項） 会計監査人の解選任等の議案決定等（第343・344条）	株主総会に提出する会計監査人の選解任等の議案の内容の決定（会社法404条2項第2号，399条の2第3項2号）
調査の依頼，会計監査の異常時	事業報告の請求権，業務・財産状況調査権（第381条2項） 取締役・経営者への提訴，取締役の不正・不法行為の報告，取締役会への招集請求権，招集権，取締役の違法行為禁止請求権	企業の不祥事は監査役に報告（第357条）外部監査法人と監査役との連携の確保（原則3－2，4－13） 重大な関連取引の事前審査権（承認後，取締役会審議事項へ，仲介機関での財務顧問報告依頼）
監査役	監査役の選任議案についての同意見，議案提案権（第343条）	

出所：会社法，証券監督管理委員会，柏木理佳・吉岡美愛『城西国際大学国際人文学部紀要第27巻第2号』（2019），「諸外国と比較した日本の社外取締役・監査役制度の現状と課題」2019年3月などを参考に筆者作成。

取締役の不正行為などを認識した場合は，取締役会に報告しなければならない。この点においては，社外取締役は不正を認識したら，まず監査役に報告しなければならず，監査役のほうが，より権限があることがわかる。

その他，監査役の選任・解任・辞任・報酬に関する株主総会意見陳述や取締役の不正行為などにおいて会計監査人からの報告を受けたり，会計監査人の選任・解任・不再任に関する議案の内容の決定などの権限がある。職務怠慢，非行，心身故障による会計監査人の解任などの権限もあり，監査においては，より社外取締役よりも実効性が求められていることがわかる。

しかしながら，充分な監査機能がない社内外の監査役を選任している企業が多いのが実態である。社外取締役と役割と責任を明確化し，高い報酬を無駄にしないように努めることが必要である。

筆者がヒアリングした結果，社外監査役を社外取締役に肩書をスライドしただけの企業もかなり多かった。しかし，社外監査役を完全に退任させ，新たに会計士資格保有者である社外取締役を新たに選任し監査委員会においての監査チェックを重視する企業もあった。

（注）
⑴　風間信隆（2013）「ドイツ企業における監査役会と共同決定」『商業論業中央大学』第54巻第5号。

【参考文献】
柏木理佳（2015）桜美林大学大学院　国際学研究科　国際人文社会科学専攻　博士授与論文『中国民営企業における独立取締役の監査・監督機能－日中比較及び研修機関の役割の一考察－』。
柏木理佳（2009）『中国のグローバル化と経営管理』晃洋書房　柏木理佳（2013）「中国とシンガポールの多国籍企業の人的資源活用の比較」藤澤武史　編『アジアにおける市場性と産業競争力』日本評論社。
柏木理佳（2013）「中国民営企業における独立取締役の監査・監督機能と政府の関与」野尻武敏編『経済社会学の新しい地平』桜美林大学北東アジア総合研究所編。
菊池敏夫・磯伸彦（2019）経営情報学論集第25号「コーポレートガバナンスの新しい課題」51－58ページ。
菊池敏夫・平田光弘編（2000）『企業統治の国際比較』文眞堂。
菊池敏夫（2007）『現代企業論―責任と統治』中央経済社。

菊池敏夫・金山権・新川本編（2014）『企業統治論』税務経理協会。

菊池敏夫・太田三郎・金山権・関岡保二編（2012）『企業統治と経営行動』文眞堂。

菊池敏夫・厚東偉介・平田光弘編（2008）『企業の責任・統治・再生―国際比較の視点』文眞堂。

射手矢好雄（2005）『中国における会社法』国際商事法務。

大杉謙一（2011）「取締役会の監督機能の強化」『旬刊商事法務』No. 1941。

射手矢好雄・周剣龍・布井千博（2006）『改正中国会社法・証券法』商事法務。

汪志平（1995）「中国国有企業改革の経済学的分析」『経済と経営』26巻3号。

王保樹・朱大明（2011）「中国における独立取締役制度の運用に関する留意点」『監査役』No. 587，8月25日号。

金山権（2008）『中国企業統治論』学文社。

菊澤研宗（2004）『比較コーポレート・ガバナンス論』有斐閣。

菊澤研宗（2006）『組織の経済学入門』有斐閣。

菊澤研宗（2007）「コーポレート・ガバナンスの行動エージェンシー理論分析『三田商学研究』第50巻第3号，168-173ページ。

佐久間信夫編（2005）『アジアのコーポレート・ガバナンス』学文社。

新津和典（2011）『ドイツとオーストリアの監査役会従業員代表制度』中央経済社。

千代田邦夫（2009）『現代会計監査役』税務経理協会。

池田良一（2001）「ドイツにおける監査役制度の現状と問題点」『監査役』No. 444。

第5章　制度変更と今後の方向性

1　外国人株式所有比率

　東証第一部上場企業において外国人株式所有比率が30％以上の企業は15.6％を占めている。東証第二部では，外国人株式所有比率が30％以上を占めるのは3.1％を占めており，マザーズの外国人株式所有比率は，3.5％，JASDAQは2.9％である。

　外国人株式所有比率が高いと，それに比例して独立社外取締役の比率が高い。例えば，コーポレート・ガバナンス銘柄を組み入れているJPX日経400構成では，30％以上の外国人株式所有比率がある企業は全体の46.1％も占めている。外国人の機関投資家は，コーポレート・ガバナンスの意識に関して企業側に大きな影響を与えている。外国人投資家が多い企業は年報（アニュアルレポート）も日本語だけでなく英語版も充実しており海外投資家を意識しており，外国人投資家の意見も受け入れている。コーポレート・ガバナンスに関する意識も高く，情報提供も多い。

　一方，連結売上高別でみると，連結売上高が大きいほど，外国人株式所有比率の高い企業の占める比率が大きい。外国人投資家が業績にこだわっていることもわかる。

　他方，コーポレート・ガバナンス報告書では，大株主上位10人の名前，所有株式数や所有比率の記載を要請している。マザーズ，JASDAQ，市場第二部，市場第一部と時価総額の規模が小さいほうから大きくなるにつれて，日本の投資機関や親会社など筆頭株主の所有比率が高い傾向にある。時価総額が小さければ，筆頭株主の所有比率が高くなり，その影響力も大きいことがうかがえる。

　ちなみにJPX日経400では，筆頭株主の所有比率は東証一部より低い。また，連結売上高が大きいほど筆頭株主の所有比率が低い。東証一部や連結売上高が大きい企業では分散化が進んでいる。

2　スチュワードシップコードの現状と論点

　2019年10月金融庁が出した「スチュワードシップをめぐる状況と論点等について」においては，2014年２月のスチュワードシップ策定以降，受け入れ機関は増加しており2019年９月末日現在で269の生命・損害保険会社，信託銀行，投信・投資顧問，公的年金機関などの機関が受け入れている。これは2014年の127機関から大幅に増加している。しかし，他国と比較すると，日本は，その普及が非常に遅れていることがわかる。

　2010年７月，イギリスでは財務報告評議会（FRC）が策定し，その後，オランダでベストプラクティス集を出し，2018年６月には策定された。イギリスの策定を受けて，オランダだけでなくイタリアでは2014年に策定，2016年には改訂されている。イギリスでは現在，２回目の改訂案が出されている。また，カナダでも2010年策定され，南アでも2011年に策定，アメリカ，オーストラリアでも2017年に策定された。

　それに遅れてアジアでも，2014年，マレーシアで策定，2016年の前半，香港・台湾で策定，後半シンガポール，韓国で策定された。日本でも2014年策定され，2017年改訂されている。そもそもスチュワードシップコードとは投資家と建設的な対話を促すものである。

　その具体的な変化を振り返ると，以下のとおりである。

　2010年策定（2012年改訂），イギリスのコードでは，原則４で「機関投資家は，いつ，どのようにスチュワードシップ活動をエスカレーションするのか，明確な方針を策定すべきである」とされている。2014年策定（2017年改訂）の日本のコードでは，これらを参考に，原則４で「機関投資家は，投資先企業との建設的な『目的を持った対話』を通じて，投資先企業との認識の共有を図るとともに，問題の改善に努めるべきである」としている。さらに2017年，アメリカではISGのフレームワークでは原則Ｅで「機関投資は，建設的かつ実用的な方法で，企業との見解の違いを解決し，解決するよう努めなければならない」と，実践的な効果を促すような内容になっている。また，原則Ｅ.2では，「機関投

資は企業との間で信頼と共通理解を構築できるような方法でエンゲージメントをすべき」としているように，相互理解と問題を解決することを前提に対話をすることになっており，「問題改善に努める」という曖昧な日本の規定とは異なる。2019年イギリスの改定では，原則４のＨで「受入れ表明者は，資産価値を維持し高めるために，建設的なエンゲージメントを行わなければならない」としている。

　ここでエンゲージメントの定義について簡単に説明する。

　そもそもエンゲージメント（engagement）とは，組織（企業）と従業員の間でいうと，従業員の会社に対する愛着心や気持ち，思い入れ，心，感情のことを指し，従業員のモチベーションを上げるために会社側の努力も必要になる。会社側のボーナスなどの報酬やプレゼント，明確な昇進制度などがあって，初めて従業員側の意欲がわくものである。「個人と組織が対等の関係で，互いの成長に貢献し合う関係」のことでもある。

　したがって，この場合，投資先の企業と機関投資家との関係においてのエンゲージメント（信頼関係の構築のために，投資家がモチベーションが上がるために努力すること）が必要であるということである。モチベーションを上げるためには，企業がリスク管理や配当金の実施などを促進するような努力が必要だということである。

　日本では，現状，スチュワードシップコードを機関投資家が受け入れるかどうかは任意となっているが，金融庁がコードの受け入れを表明した「機関投資家のリスト」を公表する仕組みを通じて企業側のコードの受け入れを促進している。

　スチュワードシップコードについて実質的なものにかえるためには，機関投資家が実質的に企業との間で建設的な対話に取り組むことが重要である。このため，運用機関におけるガバナンス，利益相反管理の強化の促進，年金基金等のアセットオーナーの役割を明確化することが大事であるが，課題も多い。例えば，運用機関の議決権行使において，その理由の説明など対話の活動についての開示が不十分であることである。つまり，議決権行使の結果は開示しなけ

ればならないが，その経緯の開示の方法は曖昧である。また，公的年金（GPIF
など）や企業年金などのアセットオーナーにおいても，運用機関に投資しリ
ターンを得る立場から年金運用コンサルタントとして年金資金の運用などに関
する助言をするが，企業年金のスチュワードシップ活動の範囲の理解が不十分
である。また，議決権行使助言会社でも，助言の策定に必要な体制整備や企業
との意見交換が不十分である。企業をとりまくスチュワードシップ活動に対し
ては，自主的公開に依存されており，その活動に関してのチェック機能は未整
備である。

　そのため，スチュワードシップコードは，今後，以下のとおりに改訂が進ん
でいくと思われる。

　運用機関における議決権行使の理由の説明など投資先の企業との対話の状況，
内容などについての開示が不十分である現状をかえるため，また，さらなる建
設的な対話を促進するため，次の2つの方向にて改訂が検討されている。

　「運用機関に対して，個別の議決権行使における『賛否の理由』や『企業と
の対話の活動』に関する説明，情報提供の充実を促進する」

　「ESG要素（環境・社会・ガバナンス）などを含むサステナビリティに関する
対話を実施する場合は，投資戦略と整合的で，企業の中長期的な企業価値の向
上につながるものとなるよう意識することを促進する」

　つまり，パリ協定，国連のSDGs採択，GPIFのPRI（責任投資原則）署名な
どの影響もあり，日本でも機関投資家のESG要素への関心が高まっている中，
今後，運用機関が投資先企業とのエンゲージメントとして，より実践的な投資
戦略を議論するため，質の高い内容を選び議論を深めているとしている。

　イギリスでも2019年のスチュワードシップコードの改訂において，署名機関
はESG要素を考慮すべきことが含まれており，コードの原則はアセット・オー
ナーとアセットマネージャーに対する原則と，サービスプロバイダー（議決権
行使助言会社・運用コンサルタント・データ提供者等）に対する原則があり，アセッ
ト・オーナー向けでは原則1で，「署名機関の目的，投資哲学，戦略及び文化
によって経済，環境，社会への持続可能な利益をもたらすような顧客と最終受

益者に対する長期的価値を生むスチュワードシップ」であることが求められており，原則４でシステミック・リスクに対応すべきことも含まれている。さらに，補足的な解説で同リスクに気候変動を含むことが明記されている。原則７では，「スチュワードシップと投資は，重要な環境，社会，ガバナンスの課題，そして気候変動も含めて」体系的に統合することが求められている。サービスプロバイダーに関してもESG要素を考慮すべきことが原則５などで盛り込まれている。今後は，企業の価値が向上するため具体的にESG要素が含まれていくことになる。つまり，投資判断としてESG要素が十分に含まれていくことになる。

3　アセット・オーナーとの関係

　また，アセット・オーナーに対しては，企業年金にはスチュワードシップ活動への理解が浸透していない現状をかえるため「インベストメントチェーンの機能発揮を促すため，経済界をはじめとする幅広いステークホルダーと連携しながら，企業年金のスチュワードシップ活動を促進する」などの内容に改訂が進むと思われる。

　議決権行使助言会社では，対象となる企業との意見交換が不足しているほか，体制も不十分であることが課題であるが，今後は，「建設的な対話に資する議決権行使の実現に向け，助言会社に対し，十分かつ適切な体制の整備と助言策定プロセスの具体的な公表や対象となる企業との意見交換の充実を促進する」など，助言策定のプロセスについても具体的に公表することが盛り込まれる予定である。

　また，年金運用コンサルタントでは利益相反管理体制に課題が残っているが，「アセット・オーナーのスチュワードシップ活動の実質化に向けて年金運用コンサルタントに対し，利益相反管理についての体制整備や取組状況の説明の実施を促進する」となる。

　建設的な対話としては，「個別の議決権行使に係る賛否の理由」「企業との対話活動及びその結果」「コードの各原則の実施状況の自己評価など」に関して，

さらに充実した説明が求められることになり，また必要な情報を十分に提供することが必要になる。

　機関投資家による企業が提案する買収防衛対策に関する議決権行使の反対結果をみても，2014年のスチュワードシップコード制定，2015年のコーポレート・ガバナンス制定では45％ほどでしたが，2018年は72％に増えた。議決権行使結果の個別開示をし始めた2017年のスチュワードシップ改訂から増えたが，海外の機関投資家は80％から90％近くであることを考えると，日本の機関投資家はまだ海外の機関投資家ほど意見を強く述べられていない，影響力が強くないことがわかる。

　個別開示開始をきっかけに，反対の理由も公表し始めている。スチュワードシップコードを受入れている239機関のうち100以上の機関投資家が個別に議決権行使結果を公表しており，中でも反対理由を公表し始めた企業は2019年9月時点で2018年12月時点より2倍に増加した。特に大手信託銀行では50％以上が反対の理由まで個別開示している。しかし，スチュワードシップコード指針5－3「議決権行使の賛否の理由について対外的に明確に説明することも，可視性を高めることに資すると考えられる」と記載されている中，すべての議案への議決権行使結果の理由を公表している機関投資家はわずかしかいない。議決権行使結果についての公表している機関投資家は少ないが，企業との具体的な対話の内容，議論の結果など含めてスチュワードシップ活動報告を公表しているのは5割もあり，この公表内容によって対外的な評価が高まった企業も多い。

　他方，運用機関などにおいては，直近の業績に注目する傾向があり，中長期的な視野からみたコーポレート・ガバナンスの強化，リスク管理などの内容が少ないことも問題視する必要がある。目先の数字にばかり気にした機関との対話が増えると，企業のモラルハザードが起きやすくなることも指摘しなければならない。対話において，モニタリングを行うアセット・オーナーの役割も重要であるが，スチュワードシップを受入れている企業年金は少ない。企業年金などのアセット・オーナーは，最終受益者の最も近くに位置している。投資家を代表して，企業との対話の直接的な相手になる運用機関へのモニタリング効

果もある。東京証券取引所の調査によると約9割の上場企業が，企業年金の運用態勢について何らかの取り組みを実施している。例えば，企業年金を運用するにあたって適切な人材を配置したり，研修や育成も怠ってはいない。それに適正な運営のために，委員会の設置，運用受託機関のモニタリングなども行っている。むろん，すでにスチュワードシップ活動などの取り組みもかかせず，より実践的な効果を期待した内容にコードが改訂されても，対応できるようにしている。証券市場構造の見直しの動向を踏まえて，各市場の特徴を明らかにしながら，ガバナンス体制としてはグローバルスタンダードに沿った取締役会の構成など，各市場において適切なガバナンスの在り方が検討されている。改革の実効性を高めるため海外の投資家からの評価を参考に，さらに現実的で実践的なものに進んでいくと思われる。コーポレートガバナンス・コード，スチュワードシップ・コード策定から外国人投資家を意識した安倍政権主導の改革が進んでいる中，残念ながら諸外国と比較すると，実践的なレベルでは追いついておらず形式的なものにとどまっている。

4　ISS議決権行使助言について

ISSは，2020年2月から施行される議決権行使助言方針（ポリシー）改訂として，監査役会設置会社における親会社や支配株主をもつ会社の独立社会取締役に関して現在の「最低2名」から「3分の1以上もしくは最低2名」とする。厳守していない企業のトップに対しては原則，取締役の選任議案に反対を推奨するとしている。

現在でも指名委員会等設置会社，監査等委員会設置会社では，社外取締役の割合を3分の1以上としているが，「独立」社外取締役ではないため，今後，基準にあった独立性の高い社外取締役に代える必要がある。そのため，この規定に従わない指名委員会等設置会社では指名委員会の指名委員のメンバーの取締役に対して，原則，選任議案に対して反対を推奨するとしている。

5 株主総会で，社外取締役や取締役が否決された例

(1) キヤノン

　株主総会は，企業にとって，１年で最も怖い時でもある。特に近年は，外国人投資家が社外取締役を選任しなかった取締役の再任を否決する例も増えている。2013年，キヤノンの株主総会では，御手洗富士夫会長兼社長の取締役選任に反対票が集まり，信任は72.21％にとどまり，昨年の90.57％から大幅に低下した。キヤノンは社外取締役を一人も設置していなかった。議決権行使助言会社最大手のISSは，ガイドラインに「株主総会後の取締役会に社外取締役が一人もいない場合，経営トップである取締役の選任に反対を推奨する」と明記しており，今後もこのようなケースは増えると思われる。

　日本でも最近ではアスクルのヤフー支配の例などのように株主総会で否決される企業が増えている。

(2) アスクル

　アスクルの2019年第56回定時株主総会では，取締役選任議案で社長と独立社外取締役３名の合計４名が否決された。これは筆頭株主であるヤフーと第二位株主であるプラスが反対票を投じたためである。上場子会社アスクルが，支配株主であるヤフーから社長と独立社外取締役全員の再任拒絶の議決権行使をした例もある。アスクルの株式の45.13％を握るヤフーと，11.63％を保有する事務用品大手プラスが議決権行使を行ったため，数の力で否認されたのである。つまり，支配株主の影響力が強くなるとコーポレート・ガバナンス強化のためせっかく設置した指名委員会などの意味をなさなくなる。アスクルには独立役員が半数を占めている指名委員会があるというのに，ヤフーは，そのアスクルの取締役選任プロセスを無視して，議決数が多い大株主の意向により，選任議案に反対することが可能になった。ヤフーとの経営方針に対しての食い違いから，株主総会１か月前にアスクルの岩田彰一郎社長に辞任を迫っていたのだ。

　株主総会で退任するはめになったのはアスクルの社長だけでなく社外取締役

も同様である。独立社外取締役は元パナソニック副社長の戸田一雄氏，独立社外監査役の安本隆晴氏（公認会計士），独立役員会アドバイザーの久保利英明氏である。監査役会設置会社ではあるが，指名委員会が設置されており，その意味がなされないことになりコーポレート・ガバナンスが無視されたことになる。そのため，アスクルは企業価値向上のためにヤフーに対抗するための措置を行っている。新しい社外取締役に顧問弁護士の國廣正氏が就任しているが，今後は臨時株主総会で新たな独立取締役が選任された。

　一方，株主側の提案が正当に証明された例もある。

(3)　LIXIL

　2019年の株主総会では，株主提案への賛成票が経営側の提案を上回り，株主が提案した取締役がCEOに就任する企業もでている。例えば，LIXILグループの株主総会では，2018年10月末に解任された前のCEO（最高経営責任者）の瀬戸欣哉氏など取締役候補8人全員選任された。しかし，会社側が提案した候補者8人のうち選任されたのは6人で，議決権行使助言会社のISSが推奨しなかった元関東財務局長で元日本政策投資銀行取締役常務執行役員CFOとベネッセホールディングス代表取締役副会長の2人は選任されなかった。瀬戸氏側が取締役会の過半数を掌握したことになるが，もともと解任された理由が，LIXILの前身会社の旧トステム創業家の潮田洋一郎氏の影響力があった。これらの解任などに対して英米の機関投資家も注視しており，潮田洋一郎氏らの解任を求める臨時株主総会の招集請求も出していた。株主提案は否決されるケースが多い中，正当にガバナンスがまかりとおったことになるが，背景にはやはり英米のISSの影響力がある。しかし，議決権行使助言会社の助言に頼るだけでなく，前CEOが自ら動いたことで結果につながった[1]。

　日本においては，2018年度の自社株買いの総額が過去最高水準になった。例えば三菱地所も積み上がった資金を活用して資本を圧縮し，自己資本利益率（ROE）向上に努めるため，初めて1,000億円分の自社株を買い入れた。ディー・エヌ・エーも発行済み株式数の4分の1にあたる最大500億円の異例

の規模の自社株を買い入れた。その他，旭化成や江崎グリコも久しぶりに自社株を買い入れを実施するなど，日本企業が賃金に分配せずに余剰資金を蓄積していることは海外投資家から注視されているが，その余剰資金を活用し資本効率を改善し，投資家の判断材料となるROEを改善させようとしている動きがある。

（注）
⑴　LIXIL公式ホームページ，日経ビジネス「LIXIL株主総会，瀬戸氏に勝利の誕生日プレゼント」2019年6月25日など。

【参考文献】
東京証券取引所『東証上場会社　コーポレート・ガバナンス白書2019』「1－7外国人株式所有比率」，6ページ，2019年5月。
金融庁『スチュワードシップ・コードをめぐる状況と論点等について』「Ⅰ．スチュワードシップ・コードをめぐる前回改訂以降の状況」「1スチュワードシップ・コードの現状等」「スチュワードシップ・コードの受入れ機関数の推移」，4～26ページ，令和元年10月2日。
アスクル　公式ホームページ「独立役員会記者会見」2019年7月23日，「（暫定）指名・報酬委員会の設置および同委員会の選任について」2019年9月12日，「（暫定）指名・報酬委員会委員長選定及び同委員会の『運営方針』について」2019年9月17日。
LIXIL　公式ホームページ「SMBC日興証券グループ・日興リサーチセンター社会システム研究所岡芹弘幸・寺山恵『日興リサーチレビュー』「Short Review LIXILグループの株主提案による取締役候補者全選任が持つ意味と機関投資家の判断を考慮」2019年10月24日。
日本経済新聞「三菱地所，初の自社株買い　1,000億円，3期連続最高益」2019年5月14日。
菊池敏夫・磯　伸彦（2019）「コーポレート・ガバナンスの新しい課題」『山梨学院大学経済情報学論集』第25号51～58ページ。

第6章　社外取締役の不正抑制効果

1　指名委員会における社外取締役の抑制効果

　2013年，委員会設置会社制度が導入されたとき，ソニーなど移行した企業は44社しかなかったが，株式投資先として注目された。その理由はコーポレート・ガバナンスが徹底すれば，その分，不正取引が減るのではないかということである。したがって監査委員会の社外取締役に監査プロセスを一任させるとは，本当に不正抑制効果があるかどうかを分析する。

　まずは，そのために，機関の設定と不祥事の関連性を確認する。

　日本企業では2,665社，73.3%が監査役会設置会社であり，830社，24.7%が監査等委員会設置会社であり，44社，2%が指名委員会等設置会社である（2018年7月31日）。その中で不祥事企業の発生率をみると，監査役会設置会社が75%を占めており，監査等委員会設置会社が22%，指名委員会等設置会社は3%でしかない。親会社の経営者による不正の発生率では，監査役会設置会社が63%，監査等委員会設置会社が31%，指名委員会等設置会社が6%である（2014年〜2018年）。

　つまり，監査委員会が設置されていない監査役会設置会社のほうが圧倒的に不正が多い。しかし，親会社では，監査等委員会設置会社も指名委員会等設置会社も不正発生率は高い。

　東京商工リサーチによると，2018年に不適切会計を開示した上場企業は54社で，過去最多の2016年の57社に次ぐ2番目の多さになったが，これは，調査開始の2008年の25社の2.2倍である。

　背景には，2015年5月に発覚した東芝の不適切会計問題がある。東芝のニュースをきっかけに，コンプライアンスを強化する企業が増えた。東証などの証券取引所や監査法人が投資家に対して開示資料の信頼性を確保し続け投資してもらうため，さらなる企業のガバナンス強化の取り組みを求めたこともあ

り，2018年度では，減少した。東証一部上場が最多の28社と半数以上を占め，海外子会社などで売上前倒し計上などによる「粉飾」が18社である。東芝などのように売り上げ目標などがプレッシャーとなり業績を良く見せようと粉飾する例が多い。

　粉飾決算だけでなく，それが原因となり倒産した企業，つまり，「粉飾倒産」は2019年18件（前年同期９件）と，前年同期の2.0倍に増加した。近年は，業績悪化にともない，支払いが遅れたり，借入金の延滞などによって粉飾決算が発覚する企業が急増している。プレッシャーだけでなく金融機関からの融資を受けるために業績を良く見せたり，取引先との信頼関係を確保し，仕事をもらうなどのために粉飾を行う。

　特に海外支社などでの投資失敗などは，本社よりも隠しやすく，筆者もその実態を何度か目にした。日本企業の大手メーカーの香港支社や大手商社の中国支社では現地駐在員による接待など経費で落とせない支出が増える。しだいに使途不明金が少しずつ増加し，支社長が数百万円単位で競馬や個人的な店への投資など自分の趣味に使っている例もあった。領収書が日本と異なり文字印刷も薄く曖昧であり，また為替レート変換日の決算日も異なり，曖昧な決算が増える。

　最近，日本企業では，領収書の宛名を空白にしたり，品代を書き換えたり悪質なものも増えているため，経理部が代わりに購入する制度にしている企業が増えている。たとえば，社員が買いたい製品を決めたら，そのメーカーが作成した製品のパンフレットと，家電量販店やネットで販売されている安い値段などの書かれたチラシなどを経理部に渡すと，経理部がそれを購入してくれる。自分で代金を立て替えて払い製品を購入し，店からいったん領収書をもらい，それを経理部に提示して，代金をもらうというシステムよりも，信頼度が高い。

　近年，粉飾決算に起因する倒産が急増しているが，今後もこの傾向は続くと思われる。

　2003年５月に個人情報保護法が成立しことから，審査を行う銀行同士の情報交換が進まなくなり，10年，15年と長期間にわたって粉飾決算を行っている企

業が増加している。中には40年も不正を続け隠し続けていた企業もある。

2　プリンシパル・エージェンシー理論からみる抑制効果と問題点

　プリンシパル・エージェンシーは，基本概念により数学的手法として依頼人と弁護人のパレード最適契約の研究がある。情報の非対称と契約理論による明確なアプローチは，ジェンセン＆メックリング（Jensen, M. C., W. H. Meckling 1976）が代表的で，プリンシパル・エージェンシー理論は，バーリー＆ミーンズ（Berlie and Means 1932）が，企業は所有（株主）と支配（経営者）の分離により，両者の利害が一致しないことを示唆，経営者に株主利益と一致した業務執行をさせることが議論された。株主をプリンシパル，経営者をエージェントとみなし，典型的なエージェンシー関係があり，所有と経営の分離という視点から，所有者支配，経営者支配などを議論している。ファーマー（Fama 1980）は，所有と経営の完全分離をエージェンシー理論から指摘，経営者の利己的行動を制限し，利害関係者の利害不一致を減少させる役割があるとしている。

　つまり，プリンシパル＝創業者のために，エージェント＝社外取締役，社外監査役が，監査・監督をしようとしても自分を選任したのは創業者のため，顔色をうかがう関係からモニタリング効果が果たせない。それに，通常は，プリンシパル＝投資家，エージェント＝創業者や取締役という関係があり，情報の非対称から投資家がプリンシパルでありながらも限られた情報しか入手できないことから，エージェントが不正を行うことが可能になる関係もある。

　ここ数年の不正取引の特徴は，日本企業における組織文化であり，上司からのプレッシャーによって現場の工場の品質管理部長や経理部長が，自分の範囲内での変更が可能な粉飾が目立っている。

　2018年おいては，SUBARU，スズキ，日産などの自動車メーカーの品質不正が目立った。経費削減のためデータの改ざんや品質の安全性をおろそかにする消費者の信頼性をそこなうものであった。

　消費者をだまし資金繰りが困難になったとして「はれの日」が成人式を中止，

また，スポーツ選手による監督やコーチへのパワハラ，セクハラ問題，スポーツ連盟の助成金の流出，日本大学のアメフト部の勝つために手段を選ばない悪質タックル問題などがあった。これらのように，強すぎる組織文化，業績悪化による経費削減やコンプライアンスなどが目立っている。

　また2018年11月は日産のカルロスゴーン元会長が有価証券報告書の虚偽記載で逮捕，役員報酬の過少記載，自身の利益追求のため日産に損害を与えたとする特別背任罪も問われている。2019年4月には，日産の西川広人社長兼CEO（最高経営責任者）の報酬が社内規定に違反し数千万円の役員報酬を上乗せして受け取った疑いで社長，CEOは退任したが，取締役に残っている。これらを受け，2019年6月指名委員会等設置会社へ移行し，定時株主総会で取締役選任案への賛成比率が78％のみにとどまった。2019年7月，業績悪化のため大規模リストラを実施した。

3　スルガ銀行におけるエージェンシー関係

　最近，株式保有率に比例して独裁的支配が増えるという議論がある。独裁的経営を行っていた経営者の代表がスルガ銀行の不正の例がある。女性専用シェアハウス「かぼちゃの馬車」を運営するスマートデイズの破綻，サブリースとして業者が一括で借り上げ，入居者に転移する事業用住宅の運営がある。発端は，スルガ銀行による融資の審査書類の改ざんや契約書の偽造などの不正行為にともない不正な融資が行われていたことである。2018年9月発覚したスルガ銀行の株式保有構造は創業家が15％（2018年3月時点）で，融資の半数近くが創業者のファミリー企業20社であった。

　プリンシパルとエージェンシー理論で分析すると，関連企業は上位3位と8位であるが，株式保有比率は創業者が多く，影響力もある。

　例えば，営業利益は2014年から2018年まで前年比で伸びており，株式を保有している創業者は配当金を出せば自分の利益を得るため配当金も2018年以外は伸びているが，創業者＝プリンシパルは情報も十分に手に入れて監査プロセスへの影響力もあるため，エージェントである社外取締役がチェック機能を果た

すことができなかった。

発覚後，2019年，監査等委員会設置会社に移行し監査委員会と指名委員会を設置した。しかし新任の社外取締役には弁護士は存在するが会計士は存在しない。2017年も社外取締役３人の中に会計士は存在しない。取締役は11人でストックオプション制度をとりいれている。

2019年以前は監査役会設置会社であり，社外取締役が監査の委員として影響力を及ぼすことができなかった。報酬委員会，指名委員会はないため報酬を決定していたのも創業者であることがわかる。創業家支配による独裁的統治により，モニタリング効果がなされず不正がまかりとおっていた。ファミリー企業へ約450億円を融資し，大半が回収できない不良債権になった。スルガ銀行は，創業家によるピラミッド型の組織文化が注視された。創業家にて30年以上，経営トップに君臨した岡野光喜前会長は18年９月に引責辞任したが，創業家のファミリー企業がスルガ銀行の13％の株式を持つため，金融庁は18年10月の業務改善命令で，創業家との関係を事実上解消するよう求めている。融資したシェアハウスは，もともと立地条件が悪い物件が多く空室率も高い。高額で土地を買ったのに，家賃を保証していた運営会社が破綻したことで，ローンを返済できなくなった高齢な所有者もいるため，所有者は土地と建物を譲渡し，借金を棒引きする方法や元本の削減をスルガ銀行に求めている。欧米のように投資家への利益だけではなく，企業に長期的利益を与える経営者などへの利益を重視している。エージェンシー関係からみると内部昇進者である経営者は，従業員としての雇用契約と株主への委託者という経営委託契約を締結し，株式を多く保有していない経営者には，プリンシパル＝株主との間にエージェンシー問題がある。経営者にモチベーションをあげるために，株主は報酬などの面で工夫するが，情報の非対称により株主は限られた情報で判断することになる。経営者や株主と社外取締役の間にもエージェンシー問題が生じる。ジェンセンとメックリングによる素朴なエージェンシー理論やカーネマン（Kahneman and Tversky 1979）による行動エージェンシー理論では，自分の利得（x），相手の利得（y）として，効用を（U）とすれば，U（x，y）＝ x － a max ｛y － x，

$0｜-\beta \max ｜x-y, 0｜$ の式になる。自分の利益が相手の利益より高ければモチベーションが上がるが，低ければ下がるという不公平回避が起きる。

　スルガ銀行の場合，プリンシパルが株主，エージェントが創業者というエージェンシー関係と，さらに情報の非対称からプリンシパルの権限が弱く，むしろ創業者の影響力が大きいことがうかがえる。情報の非対称により創業者が多くの情報を握り，細部まで関与し決定権を握り影響力が大きいため，上記の式にあてはめると，費用＝Cが収益＝Rより小さくなるという条件で，外部役員の社外監査役や社外取締役が最低の行動a＝0を選べばR＝0となり，最高の行動a＝1を選べばR＞0になる。経営者と監査役や社外取締役は効用を最大化しようとするが，限定合理性なので利害は一致しない。完全合理性である経営者は，監査プロセスにおける情報も非対称であり，情報力もコントロールできる。プリンシパルの利益のために委任されたエージェントは，プリンシパルの利益の追求のためにモラルハザードを起こす。つまり監査の行動から目をつぶり，プリンシパルの利益に従う行動を起こすこともありえる。エージェントが監査役，社外取締役の場合，監査・監督という最高の行動a＝1をしたくても，自分を選任したのも創業者であるため顔色をうかがわないといけない利害関係があり，結果，a＝0にしかならない。さらに最大株主であるエージェントの創業者はプリンシパルである株主に対して情報の非対称があり，また影響力も大きいため，十分な情報を与えないことも可能である。

4　スルガ銀行の株式保有率と不正抑制効果

　経営者の影響力を確認するためには，取締役の株式保有率と報酬，株主への配当金への還元，業績の推移を分析する必要がある。業績が悪化しているのに経営者のみの報酬を上げていれば独裁的判断といえる。他の取締役の報酬が下げているのに，経営者は自分の報酬だけ上げている場合もそうだ。

　影響力を図るためには，監査委員会，指名委員会に経営者が構成員かどうかを確認する必要がある。実際，経営者が監査委員で監査のプロセスにまで口を出し圧力をかければ不正取引を起こしやすい。指名委員会の構成員であれば社

外取締役の選任に自分に有利になる人を選ぶこともできる。経営者の株式保有率が高い企業の委員会に経営者の関与を確認することは影響力を計る上で必要なことである。

　スルガ銀行の創業者はなぜ独裁者になったのか。まず，第一に株式を多く保有しすぎたことにある。

　経営者が自社株を保有すべきかどうかには議論されてきた。これまで経営者が株式を保有すると，株価を重視した経営判断ができるとして業績促進効果があると期待されてきた。例えば，Mork, Shleifer and Vishny（1988）などは，大企業を中心に調査しているが，経営者が自社株を一定の水準まで多く持てば持つほど企業価値は高く評価される。経営者の株式保有率が増加するとトービンのQも上がるが，保有量がある程度の水準に下がるとQはそれ以上上がらず，それ以上株式保有が下がると逆にQが低下すると主張している。大企業において企業価値が増え比例関係であるのは，どの研究者もだいたい同じであり，下がる理由は，①経営者が他の投資家の圧力に抵抗することができるようになるタイミングがある。②企業価値を高めるよりも，私的な利益を追求する＝エントレントメント効果とされている。しかし，経営者の株式保有率はスルガ銀行のような中堅，中規模の上場企業になると，逆の結果になる。経営者による株式保有率が高くても，企業価値が低い場合，上場前後の評価も低く，創業者グループが売却するチャンスを逃したと思われる。つまり，評価が高ければ，創業者が株を売却し，利益を得るはずである。保有しつづけているということは，企業の価値が高いという意味にはとられない。もともとトービンQ（市場価値を資本の再取得価格で割った）が低い企業にはマイナスにとられるのである。まさにスルガ銀行の株式を創業者が売却したときに，株価が上昇したのと同じである。

　他方，持ち株比率を高めると，経営陣同士のモニタリング効果があるという見方もある。日本での報酬構成比率は，固定報酬が８割，ボーナスは１割あまり，退職慰労金も数％でしかない。社外取締役，常勤監査役，非常勤監査役も同様にボーナスに占める割合は低いが，アメリカでは９割が経営者株式保有ガ

イドラインを策定，経営者の株式保有は，報酬の３倍から10倍までと定められており，イギリスでは，CEOは年酬の２倍から３倍，他のCFOやCOOでも２倍以上を保有することを規定しており各役員の持ち株比率がほぼ同額に近い。フランスでも，会社法で取締役に自社株式を保有することが義務付けられている。欧米では株式保有比率が高いと企業価値が上がるという期待があり，ガイドラインを策定する上場企業も多い。上場企業が機関投資家とエンゲージメント（対話）する際に，自社株保有の方針が話題になるが日本では，自主的にガイドラインを設定している企業は増えている。

（注）
(1) 菊澤研宗（2016）『織の経済学入門−新制度派経済学アプローチ』有斐閣，菊澤研宗（2007）「コーポレート・ガバナンスの行動エージェンシー理論分析：完全利己主義 vs 限定利己主義」三田商学研究 50(3)。

【参考文献】

東京証券取引所「東証上場会社における独立社外取締役の選任状況及び指名委員会・報酬委員会の設置状況」2018年７月31日　https://www.jpx.co.jp/news/ 1020/nlsgeu 000003931 r-att/nlsgeu 000003934 o.pdf　13ページ。
渡辺樹一・西谷敦BUSINESS LAWERS連載「企業価値向上と毀損防止に向けて企業は何をすべきか」第９回不正会計−親会社経営者不正（後編）２　機関設計の不全 https://www.businesslawyers.jp/articles/ 512　2019年３月14日。
東京商工リサーチ2019年「粉飾決算」倒産調査　2020年１月８日。
東京商工リサーチ2018年全上場企業「不適切な会計・経理の開示企業」調査　2020年１月24日。
スルガ銀行「コーポレートガバナンスに関する報告書」2019年６月28日。
Jensen, Michael C. and Meckling（1976）William H.「Theory of the Firm： Managerial Behavior, Agency Costs and Ownership Structure」Journal of Financial Economics, ３, pp. 305−360.
Berle, A. and Means, G.（1932）「The Modern Corporation and Private Property」 Commerce Clearing House, New York.
Eugene Fama（1980）「Agency Problems and the Theory of the Firm」Journal of Political Economy 88(2).
Kahneman, D., and Tversky, A.（1979）「Prospect theory：An analysis of decision under risk」Econometrica, 47, pp. 263−291.
Morck, Shleifer and Vishny（1988）「Management Ownership and Market Valuation An Empirical Analysis」Journal of Financial Economics, Vol. 20, pp. 293−315.
鈴木裕　大和総研「経営者は自社株を保有すべきか？」2019年１月16日。
出口哲也（2008）「取締役資格と株式保有要件」『法と政治』59巻１号，59−183ページ。

第7章　社外取締役の法的責任

1　研修時に構築すること

　2013年に社外取締役のガイドラインを公表，2015年，改訂後は，社外取締役をとりまく環境は大きく変わった。コーポレートガバナンス・コードが2018年に改訂され，スチュワードシップ・コードにおいても，投資家との対話だけでなく，議決権の行使基準や行使結果の開示などより多くのことが求められるようになったといえる。このような状況の中，株主総会では議決権において投資家の反対票が増加している。経営者は，より多くのことが求められるようになり，より真剣にガバナンスに対応しなければならなくなったといえる。

　そんな中，2020年，社外取締役設置も義務化された。これまでは社外取締役を設置していない企業は，社外取締役を置くことが相当でない理由を説明，開示すればよかったが，義務化されるとそれではすまされなくなる。筆者の調査結果や他国の調査をみても，多少の例外はあるものの，社外取締役の有用性は明らかであるという結果がでており，社外取締役を置いていない企業においての開示内容も社外取締役を真っ向から否定する開示は見当たらない。これからは，お飾り的な形式的な社外取締役の設置ではなく，「社外取締役をどう活用しているのか」が問われることになる。

　また同時に「社外取締役は自らが何をするべきか知っているのか」「社外取締役のガバナンス効果」などについて相互理解が必要となる。任意で指名委員会，報酬委員会を設置していても，社外取締役が自らの責任を知らなければ意味をなさず，また，責任の重さを知ることで高い報酬を受けても社外取締役候補者の中には「この企業の社外取締役になって大丈夫なのか。引き受けるべきか」と，迷う人も増えている。社外取締役は専任ではなく兼任できるため，人材不足の今，1人で5社以上の社外取締役を兼務している人も多い。結論から言えば，社外取締役は責任を限定することができる保険があり，その適用範囲

をよく考えて行動することでその無制限の責任を逃れることができる。本章ではその具体的な法的責任や保険でカバーできる範囲などを説明する。

まず，社外取締役候補者の法的責任については「取締役の善管注意義務」が適用，社外取締役とは言え「取締役」であることには変わりはない。

企業内で社外取締役を設置していても，高い報酬を払い無駄に終わっているところも多いだろう。社外取締役を迎える企業は，経営者だけでなく事務局や法務部門などとも連携し，社外取締役を有効に活用するために仕組みを構築する必要がある。

最初に企業を訪問しガイダンス，打ち合わせをすることになるが，一般的には企業の会社概要，主な株主，株価，業績などを説明するだけで終わる企業が多い。取締役の業務内容，責任内容，さらに各人のスケジュールなども教えることである。社外取締役のモニタリング機能は，社長を始め取締役の監督である。具体的にどのようにモニタリングするのか，スケジュール確認は秘書とするだけなのか，内容までチェックするのか，何をどうモニタリングするのか細部まで決めておくことである。また，社外取締役は内部統制部門や監査役（会）や会計監査人，監査委員会のメンバーと連携しなければならないが，この連携方法次第で不正を防止することもできる。独立専門委員会などを設け有効性を高めるため具体的な連携方法も提案すべきである。

研修時に，これらの説明がなければコーポレート・ガバナンスに対する意識が薄れ，優先順位が低くなる。期待されていないことをあえて社外取締役は実行したくないものである。社外取締役においても，就任前に企業の業績を過去5年以上前にさかのぼり確認し，齟齬がないかもチェックすべきである。すでに不祥事を起こしている企業においては，就任前にかなりの範囲で確認作業が必要である。むろん，企業側は社外取締役の任期・退任の時期，選任方法も述べなければならないが，筆者が研修内容についてアンケートを実施したところ，多くがこの件についてきちんと説明を受けていなかった。社外取締役の任期が長すぎても企業との関係が独立性が薄まる懸念もある。望ましい期間なども相互で検討することも大事である。また，社外取締役自身がインサイダー取引な

ど不正を実施したケースもある。利害関係者との付き合い，留意点なども説明することである。

2　社外取締役の善管注意義務の法的責任

取締役の善管注意義務として，株式会社とその取締役との関係は委任に関する規定に従うとされている（会社法第330条）。取締役は，その職務を遂行するために，善良な管理者としての注意義務（いわゆる善管注意義務）を負う（民法第644条）。

善管注意義務違反が具体的に問題となるのは，取締役自身の業務執行に関する判断に誤りがあった場合，あえて不正を行った場合など，経営者や取締役の業務執行に対する監視・監督等を怠った場合である。取締役の業務執行によって企業に損害を与えた場合は，必ずしも不正内容でない場合は，その責任は限定されている。その保険については後述する。

監督に対する責任としては，内部統制システムの構築や改善，代表取締役の辞任勧告・解職などを取締役会に対して助言・勧告する必要がある。まず，そのことについて，自身が監督としての責任があること，重要な事項であることを認識することが大事である。そして，これは社外取締役同士が社外監査役と連携しなければ，踏み切れないこともある。しかし，最近では，この時点で，すでにこの時にマスコミなどに不正が発覚していることもある。

経営判断においては経営陣の具体的な法令違反がある場合は，特に利益を図る目的でない場合や経営者が私欲を追求している場合などの個人的利害関係が存在する場合などは，むろん阻止しなければならない。それ以外の業務執行の判断に誤りがあると判断するのは，善管注意義務違反であるかどうかにかかっているが，それらは，不正と思われる行為があった時期の書類調査からそろえなければならない。また，その時の状況を踏まえて，取締役に要求される能力に問題がなかったかということが問われる。しかし，このような内部情報の収集をさせてくれない企業もある。不正が10年以上も隠されていることがよかり通っている大企業の組織文化が強い企業の場合，内部の調査をオープンに検査

させてくれないことも多い。これらがチェックしやすい体制が十分に整備されていれば、早めに発覚し、大きくなる前に食い止めることもできるはずである。これらのことも研修時に、打ち合わせで合意しておくことが大事である。

つまり、事件が発覚した時、当時の社外取締役が責任を追及される場合があるが、社外取締役が情報収集や調査などを探そうとしたこと、調査を依頼したかどうかなどが問われる。もしそれをしていなければ、他の取締役などの業務執行に対する監視・監督業務を怠ったことになる。知ることへの権利があることを主張することが大事である。

情報収集においては、社外取締役に求められたら過去にさかのぼった情報や取締役会議の議事録にはないような部署間での情報などでも入手できるのかどうか、その入手の在り方についても検討しておくことが大事である。これらは善管注意義務として、社外取締役に責任があることを忘れてはいけない。社外取締役は、取締役会の構成員であり、監査役のように独自の権限を行使するのではないが、取締役会に出席、報告事項及び議案について審議を行い、採決を行うことが権限の中心である。したがって、社外取締役としては、取締役会における審議や採決に関連した情報収集を前提に、善管注意義務を果たすことになる。情報収集がなければ、取締役会などでの経営陣、取締役の報告だけに頼ることになる。「信頼の原則」が適用されることに基づき、それで善管注意義務を果たせることになるが、取締役や役員、従業員などによる報告や説明について疑問、齟齬がないとは言い切れない。特に昔の話など覚えておらず、記録が曖昧なことも多い。このような事情があった場合には、更なる調査や報告を要求する必要があるが、それには情報収集が前提である。資料を探すことができなければ、そういったことも不可能である。

善管注意義務に違反した場合の責任は、当該企業やその該当する第三者に対する損害賠償責任を負うことになる。（会社法第423条第1項、第429条第1項）。

特にその雇われている企業に対する損害賠償責任は、原則として総株主の同意がなければ免除することができない（会社法第424条）。しかし取締役が職務を行うにつき善意かつ重大な過失がない場合であった場合で、株主総会の決議

を得た場合（会社法第425条）や定款の規定に基づき取締役会の決議を得た場合
（会社法第426条），さらに非業務執行取締役であっても定款の規定に基づき責
任を限定したり，著しく不合理な判断契約を締結した場合（会社法第427条）は
一定の限度があり免責が認められている。

　注意しないといけないのは，社外取締役の責任のうち善管注意義務の水準は，
取締役の善管注意義務と同じ責任が課せられる。しかしながら社外取締役は月
に1回の取締役会に参加するだけであり，内部情報を隠されることもあるなど
不平等であることから，社外者である立場は業務遂行に関与できない立場であ
るとされ，一定の範囲で考慮される。

3　社外取締役の職務

　取締役会においては権限事項（会社法第362条第2項，第363条第1項第2号）が
あり，これらの全てを取締役会の一員として実行することは不可能である。社
外取締役の責任においては，一般の取締役と同じで法的責任と経営責任がある。
特に法的責任においては，会社に対する忠実義務・善管注意義務違反による損
害賠償責任など法的効果に基づくものがあることを忘れてはならない。

　また，経営責任は，経営の結果に対する責任であり，法的な効果を持たない
ものもある。しかし，社外取締役が期待される役割であるモニタリング機能な
どにおいての職務に対応していなければならない。それらにおいて怠った場合，
退任や辞任，さらに報酬の返上や減額などのペナルティを払わなければならな
い。

　社外取締役の法的責任は，その当該企業に対して忠実義務・善管注意義務を
果たさなければならないため，具体的には，取締役会の事項に関しては，その
審議の過程について説明や資料に基づき，社外取締役が必要だと思われる調査
と検討をきちんと実施したかどうか，さらに合理的な手続が行われているかど
うか。特に買収や合併などにおいては，合理的かどうか社外取締役が実際に自
分なりに調査，検討しなければならない。また，例えば独裁的経営者の意向に
反対できない他の取締役が多い中，取締役会での決定は，独裁的な経営者の判

断に依存してないか，独裁的ではない経営者ならどのように判断するのかなど客観的な判断をしなければならない。また，著しく不合理である場合，社外取締役はそのことを調査，検討させる必要がある。取締役会での事項以外については，取締役同士では，役割分担がされており，内部統制システムが構築されているのか，またリスク管理体制は整備されているのか，などを確認する。取締役に対しての職務執行に対する監視が行われていれば，取締役の職務執行が適法であると言えるが，日常的にそうでない場合，日常的な判断において社外取締役の責任や判断は，非常に慎重に実施しなければならず，その調査，決定までのプロセスを記憶に残すなどにより自分を守ることが大事である。

他の取締役の職務執行が違法であると思われた場合，その疑いがある時点で，日ごろから連携がとれている監査役への報告をしなければならない。これらを見て見ぬふりをすることは社外取締役の責任を放棄したことになる。社外取締役は就任した時に，内部統制システムの構築や運用などにおいて，法律上の内部統制や管理体制の構築，整備について合理性を有するかなど点検することが大事である。しかしながら実際には監査役が不正を行った経営陣と親しい関係者であることが多く，社外取締役がクビになったり，かえって逆効果になることもある。まず，最初のステップにおいて，どこと連動して不正防止するかは，いかに日ごろから社内外の監査役や取締役との関係を構築できるかが大事になる。また外部の弁護士や社外取締役を紹介している第三者機関などとの意見交換も必要である。

また監査委員会がある企業においては監査においても責任が重くなる。例えば財務報告に係る内部統制については，独立監査人の監査証明を受けた内部統制報告書において有効であるとされている場合には一般的には信頼性は高い。しかし，近年は，その後に粉飾決算などの不正会計が発覚するケースも増えている。財務計算に関する不祥事は後を絶たず，会計監査の責任の追及が不足している。事前監査チェックとして重要な役割と責任のある監査委員長である社外取締役，公認会計士の対応，判断が重視されている。例えば，粉飾決算などにおいて不祥事が発生した場合，会社に損害を与えた場合，または財務報告に

係る内部統制報告書において開示すべき内容に不備があるとされた場合は，社外取締役は内部統制やリスク管理体制の見直しを行う監督責任を有することにある。

社外取締役と株主総会では，社外取締役は，取締役会や監査委員会，指名委員会などの出席率が公開されるだけでなく，むろん，株主総会への出席も必要である。社外取締役は，株主総会において株主の質問に対し，取締役として説明義務を負う。また，コーポレートガバナンス・コードで示された社外取締役の果たすべき役割や責任などの履行状況について説明を求められることもある。

4　責任限定契約，会社役員賠償責任保険（D&O保険）

社外取締役は取締役と同じ責任があるのが前提だが，そうなると，情報の不平等が発生する。取締役会や委員会などで月に平均1回しか参加しない。最も多いケースで1か月に10回ほど委員会や部会，工場などの現場視察，支店など訪問する社外取締役がいるが，そのような例は稀である。内部情報を提供されなければ，社外取締役は正確な判断もできない。

そのため，社外取締役は，就任したら，すぐにその当該企業との間で情報交換について意見交換をし，責任限定契約の締結をすることである。責任を限定することで，損害賠償金額が無制限に発生するのを抑える必要がある。そのようにして自分を守る必要がある。また，企業側にとっても，社外取締役の責任を限定しなければ，人手不足の中，なり手がいなくなることが懸念される。もし膨大な金額を請求することになればマスコミにも大々的に流れることになり，その企業のイメージダウンにつながる。

一般的には企業の負担で会社役員賠償責任保険（D&O保険）へ加入することが多いが，そうでない場合，自己負担でもこの保険に加入できるよう企業に要請することである。近年は，D&O保険に加入している企業が増えたが，今度はただ加入すれば安心というのではなく，お互いに保険の内容（特約等）を確認すべきである。

取締役会での報告や内部通報などにより，問題がある場合，まず，監査役に

報告，もっと重要な著しい損害を及ぼす懸念がある事実を把握した場合には，直ちに監査役（会）に報告する義務が生じる（会社法第357条）。その後の対応においては業務執行取締役や監査役，会計監査人などとの間で情報交換し，そのプロセスを記する必要がある。

5　有価証券報告書等に対する虚偽記載の責任

　上場会社の有価証券報告書，有価証券届出書，臨時報告書などに虚偽記載，不備が見つかった場合は，株主・投資家などに対して損害賠償責任を負うことがある（金商法21条，22条，24条の4，民法709条等）。

　金融商品取引法に基づく責任追及の場合の虚偽記載については，社外取締役は「非常に注意していたが，情報得ることがなく知ることができなかった」ということを本人と役員側が立証しなければならない。そのため，社外取締役は，日ごろから有価証券報告書等についてかなりの注意をしながら虚偽記載，不備などがないかどうか確認作業が必要である。しかし，取締役会の資料は3日ほど前になりやっと配布されるため，時間がない。さらに各委員会でも与えられた資料が正しいかどうか明確に確認するのは，相当の技術，会計の知識とともに時間も必要である。したがって，社外取締役は，知りえる限りの情報と時間の中で，事前，事後のチェックを行ったことを記録として残すべきである。

　取締役は企業の利益を最優先しなければならない忠実義務がある。しかし，だからと言って，社会の評価に反して自己の利益だけを優先している経営者のなりふり構わない態度においては改めなければならない。取締役は，企業から経営に対しての委任を受け，善良なる管理者としての注意をする義務がある。これが善管注意義務である。

　しかし，同時に期待される内容について，適切に実行しなければならない義務もある。社長が勝手に実行した内容においても，取締役会で反対しなかったことに対して任務懈怠が問われるケースもある。例えば，過去には某企業において社長が，倒産した取引先の会社から手形を受け取ることができなかった時，社外取締役と取締役らが，監視，監督義務の違反があったのではないかと追及

された。それぞれの役員が，善管注意義務違反，監視・監督義務の違反がな
かったことを証明することは難しい。

　東芝の不正会計においても歴代３社長と経営陣５人に総額３億円の損害賠償
を求め，提訴された。このような場合に備えて，D&O保険がある。これらは
各保険会社から販売されている。

　まずは，以下の表で取締役や社外取締役の責任を再確認して欲しい。これら
が果たせない場合，株主や会社から訴訟される懸念がある。以下のような内容
で，善管注意義務や忠実義務に違反し会社に損害を与えた場合は，株主が社外
取締役に損害賠償を求めることがある。株主は企業に代わって会社法第847条
などを根拠に，訴えを提起できる。

　同様に，企業に対して損害を与え，善管注意義務や忠実義務に違反した場合，
企業が会社法第423条を根拠に損害賠償を求める訴えを提起することができる。

表７－１　責任と内容

善管注意義務	取締役として相当な程度の注意を尽くして業務を遂行しなければならない。
忠実義務	取締役として法令，定款，株主総会決議を遵守。会社のために忠実に業務を遂行しなければならない
競業避止義務	取締役が競業取引を行う場合には，事前に取締役会の承認を得なければならない。
利益相反取引回避義務	取締役が利益相反取引を行う場合には，事前に取締役会の承認を得なければならない。
監視・監督義務	他の代表取締役や取締役の行為が法令，定款を遵守し，かつ適正になされているかどうか監視する必要がある。

出所：三井住友海上「株式会社向け会社役員賠償責任保険標準契約プラン」などを参
　　　考に作成。

　また，第三者に対する責任もある。故意及び重大な過失で取引先や株主など
第三者，他人の権利を侵害した場合，第三者が民放や会社法429条などにより，
訴訟を起こすことができる第三者訴訟もある。

表7－2　第三者に対する責任と内容

| 一般の不法行為責任 | 故意及び重大な過失で第三者の権利を侵害した場合，その損害を賠償しなければならない。 |
| 会社法上の特別責任 | 役員がその職務実行において悪意及び重大な過失があった場合は，第三者に生じた損害を賠償する責任が発生する。 |

出所：三井住友海上「株式会社向け会社役員賠償責任保険標準契約プラン」などを参考に作成。

　三井住友海上の場合，株主代表訴訟において敗訴した場合，株主代表訴訟補償特約において補償の対象とするが，保険料を役員が負担することもある。「会社に対する役員の損害賠償責任」を補償する保険料を会社が負担することは会社法上の問題があると考えられ，普通保険約款の基本補償部分の保険料90％は企業側が払い，株主代表訴訟補償特約の保険料10％を社外取締役など役員が負担する。

　しかし，だからといって，全てのケースにおいてカバーできるわけではない。補償適用外は以下のとおりである。

表7－3　補償が適用されない主なケース

| 政治団体，公務員または取引先の会社役員，従業員への利益の供与 |
| 私的な利益または便宜の供与を違法に得た |
| 法令に違反していると認識し行った行為 |
| 報酬または賞与等が違法に支払われた |
| インサイダーなど未公表情報を違法に利用し，株式，社債等の売買 |

出所：三井住友海上「株式会社向け会社役員賠償責任保険標準契約プラン」などを参考に作成。

　しかし，5億円ほどの補償限度額の場合は，年間200万円ほどが保険料になり，企業としては，その9割または全額支払うケースが多く，結構な負担になる。そのため大企業でない場合は，1億円以下の補償額に設定したり，社外取締役自身に支払ってもらう例もある。たとえ，保険に加入しなくても定款で定めた範囲内で予め会社が定めた最低責任限度額を取り決めることである。代表

取締役は報酬6年分，代表取締役以外の取締役で業務執行取締役等に該当する取締役は報酬4年分，その他の取締役は報酬2年分にそれぞれ相当する額のいずれか高い金額まで，責任の範囲を限定する契約を締結することである。そうでなければ，社外取締役が何もしていないのに，就任しただけで自分自身にリスクが伴うことになる。これだけ不祥事企業が増えると，名誉があり影響力がある候補者が，就任に承諾しない例も増えている。また，無実が証明でき総株主の同意があれば，全部または一部を免除したり，株主総会の特別決議での免除，取締役会での免除なども考えられる。

表7－4　高額訴訟事例

企業名	訴訟内容と金額
オリンパス	・　旧経営陣に590億円を会社に支払うよう命じる判決 ・　損失隠し事件をめぐる損害賠償請求訴訟
住友電気工業	・　株主が当時の取締役22人に88億円の損害賠償を請求 ・　カルテルなどの防止義務の怠り ・　会社に5億2,000万円の解決金を支払い和解
みずほファイナンシャルグループ	・　反社会勢力への融資 ・　歴代役員14人に16億7,000万円の損害賠償を請求
フタバ産業	・　役員21人に30億6,700万円の損害賠償請求 ・　不適切な金融支援
蛇の目ミシン工業	・　仕手集団に供与した経営陣に株主が583億円を請求

出所：産経新聞『経営者の賠償保障の対象者となった最近の主な高額訴訟』2017年7月12日。

（注）
(1)　田澤元章（2017）「内部統制システムの構築・運用と取締役等の監視義務・信頼の原則」石山卓磨監修『検証　判例会社法』財経詳報社，岩本文男（2018）「取締役の内部統制システム構築義務について」法科大学院論集第14号。

【参考文献】
柏木理佳（2015）桜美林大学大学院　国際学研究科　国際人文社会科学専攻　博士授与論文『中国民営企業における独立取締役の監査・監督機能－日中比較及び研修機関の役割の一考察－』。

金融庁　公式ホームページ『法令・指針等』「Ⅲ　主要行等監督上の評価項目」https://www.fsa.go.jp/common/law/guide/city/03a.html　2019年1月25日現在。

経済産業省『コーポレート・ガバナンスの在り方』「グループ・ガバナンス・システムに関する実務指針」法的論点に関する解釈指針　2019年6月28日。

日本弁護士連合会『社外取締役ガイドライン（2019年改訂版）』2019年3月14日改訂。

SOMPOリスクマネジメント　損保ジャパンRMレポート182『経営陣が留意すべき会社法・内閣府令の改正の概要』「役員報酬やD&O保険，社外取締役等の活用及びリスク情報の開示等の解説」2019年6月27日。

東京海上日動火災保険「保険（D&O会社役員賠償責任保険（D&O保険）の加入実態保険）の加入実態等に関する調査結果について等に関する調査結果について」2017年7月12日。

三井住友海上MS&AD『株式会社向け会社役員賠償責任保険（D&O保険）標準契約プラン・株式会社向け』パンフレット。

産経新聞『経営者の賠償保障わずか5億円　米国は100億円　東京海上調査』2017年7月12日付け。

第8章　不祥事企業の事例

① 社外取締役と社外監査役の抑制効果

1　監査役会設置会社の不正抑制効果

(1) 分析方法

2018年，2019年の不祥事企業において回帰分析と重回帰分析をするために，多くの不祥事企業の中から不正会計やデーター改ざんなどの個人あるいは組織的な故意な行為による不正企業を中心に45社を収集した。大学や行政などは省き民間企業の不正やセクハラなどの行為に特化した。

取締役，社外取締役，監査役，社外監査役の人数は，各企業の年報とコーポレート・ガバナンス報告書の2019年12月19日時点での最新版に基づいている。

外部役員の有効性を分析するため，社外取締役だけでなく社外監査役の比率も調べた。

また，独立性に関しては，その企業が独立性を認めている場合のみ独立監査役，独立取締役に含めている。コーポレート・ガバナンス報告書に記載している独立性の基準は企業に判断をゆだねられているため，中には厳しく規定している企業もあり，独立性はあっても独立社外取締役とせずに，社外取締役としている企業もある。

不祥事の内容については，組織的な不正と個人の不正がある。組織的な不正と思われるものは，主に1）不適切検査　2）過大請求　3）下請法違反　4）独禁法　5）談合　6）建築基準法違反　7）個人情報保護法とした。

個人の不正と思われるものは，1）横領，着服　2）HDD持ち出し（個人情報）　3）金融取引法違反と分けた。

また，人事関連では　マタニティハラスメント，パワーハラスメント，残業，賃金未払い労働基準法違反，労災認定などが話題になったが，特に問題視された労働基準法違反，労災認定された企業を取り上げた。

不正関与人数においては，企業のホームページに掲載されている謝罪説明文や第三者委員会による報告書などをベースにしているが，現在，捜査中でまだ明らかにされていない企業においては電話取材やマスコミなどの報道を元に記載している。

　さらに近年，親会社が子会社を管理できずに，特に，海外の子会社による不正が増加している。子会社数が多いと，その分だけ管理がいき届かずに不正が起きやすくなる懸念がある。そのため子会社数と不正金額の規模や不正関与数などに関連があるのかどうかも分析した。子会社が多すぎることが不正の原因となるならば企業は子会社数を増やしすぎないようにすることが必要になるし，子会社数の限界がわかればそれを基準に，それ以上増やさないような工夫もできる。連結子会社は，1）10社未満，2）10−50社，3）50−100社，4）100−300社，5）300社以上に分類した。

　さらに，外国人の株式保有比率，海外の機関投資家の比率が高いとコーポレート・ガバナンスに力を入れている企業が多いが，不正抑制効果はあるのかどうかも分析した。

(2)　監査委員会設置の有効性

　監査委員会が設置されている企業，つまり，監査委員会における監査委員としての社外取締役の有効性を分析するため，監査委員会の設置のない監査役会設置会社と監査委員会の設置のある指名委員会等設置会社，監査等委員会設置会社の企業タイプに分類し，その不正規模，関与人数などを分析した。

　まずは，日本の多くの企業形態でもある監査役会設置会社の結果を確認する。2019年8月1日現在の全上場企業3,639社に占める監査役会設置会社が70.4％である。監査役会設置会社そのものが多いこともあるが，不祥事企業数においても監査等委員会設置会社や指名委員会等設置会社より多い。

　2018年，2019年の上場企業の不正会計などから収集した不祥事企業45社のうち，監査役会設置会社の不祥事は32社で71％を占めている。

　指名委員会等設置会社は8社で17％，監査等委員会設置会社は5社で11％と

比較しても多い。

　上記のことから監査役会設置会に社外取締役（独立取締役含む）がいても，監査委員会そのものがなければ，監査プロセスをチェックすることがないため，その機能が発揮できる機会がないといえる。

　したがって，監査委員会を設置し，そのメンバーの社外取締役及び独立社外取締役が監査プロセスに関与することが不正抑制効果が高まるといえる。

(3)　子会社数が少なくても不正抑制効果なし

　子会社における不正に関するコーポレート・ガバナンスは，不正を監視・監督するのは親会社の責務であり，親会社の取締役会は，子会社の経営統制や内部統制の構築とともに運用状況を常に監査，監督しなければならない構図となっている。子会社の取締役や監査役に対しても直接的な監査，監督，企業統治が必要となり，日頃からそれらが機能するようにすることが必要とされている。

　不祥事が少なくコーポレート・ガバナンスが充実しているイギリスの優良企業を訪問インタビューすると，一般的にどの企業でも親会社の経理担当者を直接海外子会社に派遣し，経理の実務レベルにて日常的にモニタリングしている。海外子会社の財務処理方法が異なっていたり，法律上の変更などがあるならば積極的に意見交換を行う必要がある。

　監査役会設置会社の不祥事企業32社のうち，連結子会社が10社未満は6社，10－50社は9社，50－100社は6社，100－300社は8社，300社以上は3社である。最も多いのが10－50社で，次に100－300社となっている。

　監査役会設置会の不正金額の規模が大きい（17億円以上）7社では，連結子会社数は，10－50社が3社，50－100社は1社，100－300社が2社，300社以上が1社となっており，10－50社が最も多く，次に100－300社となっている。

　上記のことから監査役会設置会社において子会社の多さと不祥事企業数との関連性はみられない結果となった。

(4) 外国人の株式保有比率高くても不正抑制効果なし

外資系投資ファンドによる敵対的買収提案やプロキシー・ファイト（委任状争奪戦など）において外国人の株主の存在感が増している。それにより，経営者の報酬も固定給与などから株価連動型に移行しており，経営者の意識が株主の意向により株価を重視する方向に進んでいる。

他方，外国人による株式保有比率が高い企業は，独立社外取締役の比率も高く，これまでの経営陣が自分に有利な友達人事により社外取締役を選任することを阻止する機能もあり，企業統治体制が整備されているとも言われる。

そのため，外国人投資家の比率と不正抑制効果の関連性を分析した。その比率を10％未満，10％から20％，20％から30％，30％以上と分類した。

実際，海外機関投資家が社外取締役の方法や理由などまで説明を求めることもある。中には，オリンパスのように海外機関投資家が自ら社外取締役を指名することもある。

海外機関投資家など外国人法人等の株式保有比率が30％以上の企業は，監査役会設置会社では住友重機工業，大和ハウス工業，スズキ，ヤマハ発動機（ヤマハ熊本プロダクツ），キリンホールディングス（キリンシティ），レオパレス21，安藤ハザマ，IHI，カカクコム（食べログ），セブン＆アイホールディングスの10社である。残りは，10％未満がシード，すてきナイスグループ，川金ホールディングス，日本フォームサービスの4社である。株式保有比率10％から20％を占めているのは，京王電鉄，東武鉄道，ユニチカ，ジャムコ，NTTドコモ，ぐるなび，東急センチュリー，京葉銀行の8社である。外国人の株式保有比率が20％から30％を占めているのが，ヤマトホールディングス，森永製菓，ニチイ学館，KYB，スバル，カネカ，リクルート，関西電力，北洋銀行の9社である。

産業別の外国法人等比率で最も多いのは，電気・ガス業の約18％，水産・農林・鉱業の約17％，金融・保険業の13％で，最も低い産業はサービス業の約5％である。外国法人等比率が最も高いのは価値開発の約78％で，次に，東芝の約70％，シャープの約68％で，経営再建により第三者割当増資で保有比率が

高まった。

　2019年3月期決算の上場企業2,085社の外国法人等株式保有比率の中央値は9.54％で，外国法人等比率が10％未満は1,067社で全体の構成でみると全体の5割を占めている[1]。

　今回の調査において，監査役会設置会社において外国人の株式保有比率が30％以上を占めている不祥事企業は，全体の31％を占めている。監査役会設置会社の不祥事企業の3分の1以上の企業が，外国法人比率が30％以上を保有していることになる。外国人株主保有比率が高いことが逆に不正を促進させた結果になった。株主が目先の利益を重視し圧力をかけたことで，ガバナンスが軽視されていることが懸念される。つまり，外国人の株式保有比率が高いと独立社外取締役の比率を高める効果はあるものの，モラルハザードについては目をつぶり，株価のみを重視し，不正を促進した可能性がある。

　一方，不正規模が大きい企業は32社のうち7社（21％）であるが，そのうち4社（57％）が，外国人の株式保有比率が30％以上で，20％から30％が2社（28％）で，10％未満が1社（14％）のみである。つまり，外国人の株式保有比率が高い企業においてコーポレート・ガバナンスの監査，監督としての影響力は限定的であることがうかがえる。

⑸　外国人の株式保有比率高くても会計士比率高くない

　次に，外国人の株式保有比率が高いと，社外取締役及び独立社外取締役に占める会計士資格保有者の比率が高くなるのか，または会計士の人数が増えるのかどうか確認する。

　会計士の資格を保有している社外取締役が存在するのは1社のカカクコムのみである。そもそも監査役会設置会社の不祥事企業のうち社外取締役（独立社外取締役含む）に会計士資格保有者がいるのは，32社のうち3社（0.9％）のみと少ない。

　外国人の株式保有比率が30％以上と高い企業が，とりわけ，会計士の資格保有者である社外取締役を選任しているわけではない。したがって，社外取締役

の比率，独立社外取締役の比率を高める効果はあっても，実効性の高い選び方
をしているとは限らないといえる。

(6) 高い社外取締役の比率による抑制効果あり

　監査役会設置会社の32社のうち不正規模が17億円より大きいのは次の7社
（21％）である。不適切検査の住友重機機械工業の19億円，航空機エンジン整
備で無資格者による不正検査のIHIの350億円，建築基準法違反の大和ハウ
ス工業の20億円，データー改ざんの川金ホールディングスは218億円，免震・
制振装置のデーター改ざんのKYBは1,000億円，不正検査のスバルは65億円，
不正検査のスズキは800億円である。

　上記の7社における取締役に占める社外取締役の比率の平均は28.7％である。
監査役会設置会社の不祥事企業32社における取締役に占める社外取締役の比率
の平均は31.5％である。したがって社外取締役の比率が小さいと不正規模が大
きくなるといえる。つまり，監査役会設置会社においては社外取締役の比率が
高ければ，不正金額の規模の抑制効果につながる結果になった。

(7) 取締役の人数が多いと不正抑制効果あり

　取締役の人数と社外取締役の人数の両方が多いと，多様な意見が出てモニタ
リング効果が増えればいいが，不正が起きても組織文化により誰も何も反対意
見を言えず，長年，黙認し続けることになり，結果として不正に関与した人数
が増えるという懸念もある。

　取締役の人数が多いと人件費が高くなるため，株主には納得できる人材の選
任と適切な人数をおく必要がある。また，退任できない取締役がそのまま残っ
ている場合もあり，取締役が多すぎると意思決定が遅れるなどのマイナスの印
象を持つ人も多い。雑誌では，取締役の人数が多い順に企業がランキング化さ
れている。

　そのため，取締役の人数と不正金額の規模を調査した。その結果，不正金額
の規模が大きい企業7社の取締役の総数は63人で，1社の平均は9人である。

不祥事企業32社の取締役総数は307人で，1社平均では9.59人であり，中には15人から18人も取締役が存在する企業もある。つまり，取締役の人数が多いと組織的関与数が増え，長期化，不正規模も大きくなるわけではなく，逆に不正抑制効果がみられる結果となった。

　近年では，他社から有力な取締役を引き抜き，高額な報酬を支払いながらも業績促進効果がでている企業もある。帝国データバンクによると，2017年の約16万社の企業の取締役と従業員が同じ人数規模である場合において比較すると，取締役役員の多い企業のほうが，売上高が高く，売上の増加の促進効果があるという結果がある[2]。

(8)　独立社外取締役の比率が高くても不正抑制効果なし

　経営陣がチェックされることを嫌がり知人を社外取締役にするような選任方法をとる企業が多いため，近年，独立性の高い独立社外取締役の設置が促進されている。独立社外取締役の比率が高いとコーポレート・ガバナンスの評価が高い。

　そのため，次に実際には，独立社外取締役の比率が高いと不正の抑制効果があるのかどうかを確認する。

　不祥事企業32社のうち2社（カカクコム，ぐるなび）以外は，社外取締役は全員，独立取締役である。不正金額の規模が大きい7社においても社外取締役は全員，独立社外取締役である。

　上記のことから監査役会設置会社においては，独立性が高い社外取締役を選任しても不祥事抑制効果はない結果となった。

　これは，一つには独立性の基準が緩和され10年たてば元役員や関係者であっても独立性があるとみなされるようになったという背景がある。つまり，独立性の基準が緩和されたために独立社外取締役に認定されるケースが増え独立社外取締役の比率が高まったといえる。

　しかしながら，同時に，外国人や有名人や知人などの素人をお飾り的に選任して独立性を高めても，モニタリング効果の有効性が高まるわけではないこと

を裏付ける結果にもなった。

(9) 会計士の社外取締役の不正抑制効果あり

2020年から企業に社外取締役を２人以上設置することが義務化されたが，諸外国ではそのうち最低１人は会計士資格保有している社外取締役でなければならない。しかも多くの企業が監査委員会において決定権のある委員長には，その会計士の社外取締役を選任し，その有効性を高めようとしている。

ところが日本企業では会計士資格保有者の社外取締役を選任していない企業も多い。

特に監査役会設置会社には，会計士資格保有者の社外取締役が極端に少なく，また，任意で設置された監査委員会にも会計士の社外取締役が構成員でないケースが多い。仮に企業内に会計士の社外取締役を設置しても，あえて監査チェックを実施する監査委員会のメンバーにしていない企業も多い。

不祥事企業全体では，社外取締役に会計士は平均で0.125人である。しかし，不正規模が大きい企業では０人，全く存在していない。したがって，社外取締役における会計士の比率が低いと不正金額の規模が大きいということが言える。つまり会計士資格保有者である社外取締役を設置しているだけでも，その不正抑制効果はみられるという結果になった。

上記の企業は，監査役会設置会社だからといって監査役のみに会計監査を担っていて社外取締役には監査機能を全く期待していないことがわかる。数日から１週間前に議題の資料を配布される取締役会などにおいて，会計士は，その意見を述べることから，会計監査プロセス，チェックの有効性がみられる結果となった。

(10) 社外監査役の比率に不正抑制効果あり

監査役会設置会社は監査の機能は監査役が担っている。そのため次に監査役について確認する。

監査役に占める社外監査役の人数は，不祥事企業32社の平均は2.3人，不正

取引規模の金額が大きい企業７社は2.14人と少ない。監査役においては社外の監査役の人数が多いことが不正の規模が大きくならないよう抑制する効果があるとみられる。

⑾　独立社外監査役の比率に不正抑制効果なし

　しかし，その社外監査役のうち独立監査役の比率が高くても抑制効果はみられなかった。

　不祥事企業32社の社外監査役のうち独立社外監査役の比率は50％だが，不正規模の大きい７社の平均は66％で，独立社外取締役と同様に独立性が高くても抑制効果はないという結果になった。

　さらに，日本においては，社内外の監査役に会計士が少なく，外部の会計監査法人に依存しているのが実態である。

⑿　独立社外監査役の会計士比率が高いと不正抑制効果あり

　独立監査役に占める会計士の比率は，不祥事企業全体の平均は27％であるが，不正規模が大きい７社は12％と少ない。会計士でない監査役では監査チェックの機能は働かないことが容易に想像できるが，特に不正金額の規模が大きい企業ではさらにそのことがいえる。

　つまり，不正抑制効果において社外監査役で会計士資格保有者においては有効性が高いという結果になった。

2　指名委員会等設置会社の不正抑制効果

⑴　指名委員会等設置会社の不正発生率

　指名委員会等設置会社は，監査委員会，指名委員会，報酬委員会と設置しなければならず企業側の負担が増えることから，これまであまり普及していなかった。監査委員会のみを設置する監査等委員会設置会社には移行しやすいが，指名委員会等設置会社への移行はなかなか進んでおらず，監査役会設置会社を維持したままの企業も多い。

2019年8月1日現在の指名委員会等設置会社は，3639社の全上場企業数のうち76社，全体の2.1％で，監査等委員会設置会社の1,001社の27.5％より少ない。しかし，任意で指名委員会を設置している企業を含めると1,210社で33.3％を占めており，JPX日経400では，76.3％，東証一部上場では49.7％を占めている。

　これまでの調査からは前述したように指名委員会等設置会社における不正企業はさほど多くなかった。しかし，2018年と2019年の不祥事企業45社のうち指名委員会等設置会社は8社であり全体の17％を占めている。

　上記のことから今回の調査では指名委員会等設置会社において不祥事発生率は高い結果となった。

(2)　子会社数が少ないと不正抑制効果あり

　指名委員会等設置会社8社では，連結子会社が10社未満は1社（12％），10－50社は1社（12％），100－300社は6社（75％）である。

　指名委員会等設置会社で不正規模の金額が大きい企業は4社（50％）で，そのうち1社の10社未満以外の3社（75％）は100－300社となっている。

　このことから指名委員会等設置会社においては，子会社が多い企業において不正率が高く規模が大きいことがわかる。

　つまり，子会社が少ない場合は親会社がコントロールしやすく不正抑制効果につながる結果になった。

(3)　外国人の株式保有比率が高くても不正抑制効果なし

　指名委員会等設置会社は，指名委員会，監査委員会，報酬委員会を設置し各委員会の半数は社外取締役でなければならないが，欧米では指名委員会等設置会社が一般的な企業統治構造であるため，外国人投資家の支持を得やすい。

　指名委員会等設置会社8社において外国人の株式保有比率が30％以上を占めているのは，日産，三菱電機，三菱電機トーカンの3社（37％）である。監査役会設置会社の31％より高い。外国人投資家には馴染みがある企業統治構造で，コーポレート・ガバナンスが整備されているという認識があるため，投資先と

して指名委員会等設置会社が選ばれる傾向にある。外国人の株式保有比率が10％以下なのは，かんぽ生命の1社（12％），10％から20％が日本郵便，スミダコーポレーションの2社（25％），20％から30％がブリヂストンサイクル，三菱マテリアルの2社（25％）である。

　指名委員会等設置会社のうち不正規模の金額が大きい企業は4社（50％）で，金融商品取引法違反のケースの日産の24億円，データー改ざんの三菱マテリアル57億円，かんぽ生命の不適切販売の200億円，リコールのブリヂストンサイクルの225億円である。指名委員会等設置会社において，不祥事企業のうち外国人の株式保有比率が30％以上の企業は1社（25％）で，20％から30％が2社（50％），10％以下が1社（25％）である。指名委員会等設置会社においても外国人の株式保有比率が高く外国人の影響力が大きい企業において，不正抑制効果があるとは思われない結果になった。

⑷　外国人の株式保有比率が高いと会計士比率効果あり

　指名委員会等設置会社において外国人の株式保有比率が30％以上と高い3社において会計士の社外取締役は2社を占めている。そのうち2人全員が独立社外取締役である。残りの1社は独立性の高い独立社外取締役ではなく社外取締役であり，会計士はいない。

　上記のことから海外機関投資家などが株主である場合，社外取締役の選任を指示することもあり，それらの影響がうかがえる。外国人の株式保有比率が高ければ会計士資格保有者の独立社外取締役の比率が高まることがわかる。外国人の株式保有比率が高いと，一定の影響力があり，監査の実効性が高まる会計士を選任している比率が高くなったとみられる。

⑸　高い社外（独立）取締役比率による不正抑制効果なし

　任意も含めて指名委員会が設置されている企業において過半数が社外取締役である企業は東証一部上場で61.4％を占めている。そのうち指名委員会等設置会社の指名委員会の委員長が社外取締役である場合は，81％である。取締役や

社外取締役などの選任や再任において委員長に決定権があるため，その影響力がうかがえる。

　指名委員会等設置会社の取締役に占める社外取締役の比率は，平均で61％であり，不正規模の大きい上記の企業における取締役に占める社外取締役の平均比率は64％である。このことから社外取締役の比率が高いことで不正抑制効果があるとはいえない。

　また，その社外取締役のうち全員が独立社外取締役であることから，社外取締役及び独立社外取締役の比率が高くても不正金額の規模が大きくならないよう抑制する効果はないということになる。

(6)　取締役の人数が多いと不正抑制効果あり

　指名委員会等設置会社における取締役の平均人数は11.3人であり，そのうち不祥事の不正金額の規模が大きい企業の平均は11人である。

　監査役会設置会社のように大きな差はみられないが，取締役の人数が多いほうが不正金額の規模が小さいことから，社外取締役を含めた取締役の人数を増やすことが不正抑制効果につながると思われる。

(7)　会計士独立社外取締役による不正抑制効果あり

　会計士の社外取締役及び独立社外取締役は，不正金額の規模の大きい企業においては1社だが，不正規模の金額が小さい企業や不正関与の人数が少ない企業には多く存在している。ブリジストンサイクルには会計士が存在するが，指名委員会等設置会社の不祥事企業全社において企業の不正金額の規模の小さい企業4社のうち3社に会計士が存在している。

　上記のことから企業内に会計士がいると不正抑制効果がみられる結果となった。不正金額の規模を大きくならないよう抑えている効果があるといえる。

⑻　監査委員会

① 監査委員会における高い社外取締役の比率は不正抑制効果あり

指名委員会等設置会社の不祥事企業8社における監査委員会の社外取締役の
メンバーの比率は，81％である。不正金額の規模が大きい4社の監査委員会に
おける社外取締役のメンバーの比率は69％である。

不正規模の大きい企業の社外取締役の比率は4社であるが，この4社の監査
委員会のほうが社外取締役の比率が低いことから，監査委員会においても高い
社外取締役の比率が，不正抑制効果があるといえる結果になった。

監査委員会のメンバーでない場合，指名委員会等設置会社全体における社外
取締役の比率は61％であり，監査委員会においては71％である。監査委員会の
構成員のほうが，社外取締役の比率が高い。しかし，かえって，不正金額の規
模が大きい結果になっている。つまり，監査委員会で反対意見を述べにくいの
か，お飾り的な役割でしかない社外取締役が意見を述べないのか，あるいは監
査の能力がない社外取締役が多いのか，監査機能が発揮できていないことがわ
かる。

② 監査委員会における会計士独立社外取締役の不正抑制効果あり

監査委員会の独立社外取締役の比率では，不正規模の大きい4社は，11％だ
が，残りでは4％である。不正規模拡大は会計士がいると抑制できることがわ
かる。

③ 監査委員会の委員長の不正抑制効果あり

監査委員会において，中でも委員長が会計士の独立社外取締役である場合は，
不正抑制効果がみられた。指名委員会等設置会社においては，監査委員会の委
員長が会計士であり，かつ独立取締役の場合，その不正金額の規模と不正関与
者が少ないことが明らかになった。

会計士資格保有の独立社外取締役が委員長になれば，監査委員会において経
営陣の監査プロセスが有効にチェックされ，その監査機能が発揮できる。

上記のことから指名委員会等設置会社においては，その監査委員会の委員長
に会計士の独立社外取締役を選任すると，その有効性が高まることが明らかに

なった。

3　監査等委員会設置会社の不正抑制効果

(1)　監査等委員会設置会社の不正発生率

次に監査等委員会設置会社について確認する。監査等委員会設置会社は監査役を置かない代わりに監査委員会において社外取締役及び独立社外取締役が監査プロセスに責任を担うことになる。

2018年と2019年の不祥事企業のうち監査等委員会設置会社の不祥事企業は5社であり，全体の11％を監査等委員会設置会社が占めている。

優良企業を含めた全体でみると，2019年8月1日現在で監査等委員会設置会社は全上場企業の27.5％，東証一部上場で26.8％，東証二部上場で33.4％，JPX日経400で16.9％である[3]。

監査委員会が設置されている監査等委員会設置会社の不正発生率は低いといえる。

(2)　高い社外取締役の比率による不正抑制効果なし

監査等委員会設置会社の不祥事企業のうち，不正金額の規模が大きいのは，電線大手のフジクラが40億円，マツダのリコールが400億円，MTG不適切会計の21億円の3社であり，全体の6割が比較的大規模な金額の不正といえる。

取締役に占める社外取締役の比率は，不正金額の規模の大きい3社においての平均は33％である。不祥事企業全体の平均では39％であることから，社外取締役の比率が低いほうが不正金額の規模が大きい。つまり，社外取締役の抑制効果がないといえる。

また，上記の不祥事企業における社外取締役に占める独立社外取締役の比率は，95％である。不正金額の規模が大きい3社においては，社外取締役の100％が独立性が高い独立社外取締役である。

上記の結果，独立性の高い独立社外取締役の比率が高くても不正規模が大きいことから，監査役会設置会社や指名委員会等設置会社と同様に，独立性の高

130

い社外取締役だからといって，その抑制効果はないという結果となった。

⑶　子会社数が少なくても不正抑制効果なし

2018年から2019年において不祥事企業の45社のうち監査等委員会設置会社の不祥事は5社（11%）だった。

監査等委員会設置会社においては，連結子会社が10社未満は1社（20%），10－50社は1社（20%），50－100社は1社（20%），100－300社は1社（20%），300社以上は1社（20%）である。監査等委員会設置会社では，不正規模の金額が大きい3社は10－50社が1社（33%）で，50－100社が1社（33%），100－300社が1社（33%）とばらつきがある結果になった。

上記のことから監査等委員会設置会社においては，子会社の数と不正規模との関連性はみられなかった。

⑷　外国人の株式保有比率が高くても不正抑制効果なし

外国人の株式保有比率が30%以上の監査等委員会設置会社においては，5社のうち1社（20%）のみのマツダであり，10%以下がMTGの1社（20%）であり，10%から20%を占めているのがフジクラ，スルガ銀行，電通の3社（60%）である。

5社の監査等委員会設置会社のうち不正規模の金額が大きい企業は，3社（60%）である。そのうち10%以下が1社（20%），10%から20%が1社（20%）で，30%以上が1社（20%）である。

上記のことから外国人の株式保有比率が高くても不正抑制効果はみられない結果となった。

⑸　外国人の株式保有比率が高くても会計士比率効果なし

不祥事企業の5社のうち3社が会計士資格保有の社外取締役を選任していない。しかし，会計士資格保有の独立社外取締役を選任している2社においては外国人株式保有比率は10%未満と10%から20%である。

したがって，外国人の株式保有比率が高いほど会計士の社外取締役を選任する比率が高いとはいえない。

(6) 会計士独立社外取締役による不正抑制効果なし

社外取締役のうち独立社外取締役は１人を除くほとんどであるが，２人のみである。社外取締役22人のうち会計士の占める比率は，２人（９％）である。

会計士資格保有の独立社外取締役を選任している２社は，不正金額の規模が大きい３社のうちの２社である。社外取締役のうち会計士が存在する企業は１社，独立取締役のうち会計士が存在する企業は２社である。監査等委員会設置会社の不祥事企業の５社であることを考えると会計士が存在する２社の電線大手のフジクラとMTGは不正規模が大きく，40億円，21億円である。そのため，監査等委員会設置会社において会計士である社外取締役，または独立社外取締役が存在しても，その抑制効果はみられないという結果になった。

また，独立社外取締役のうち会計士の比率は60％で３社のうち２社で１人ずついるが，不正規模の小さい２社は０人である。このことからも，会計士がいても不正規模が大きくなり不正抑制効果がないといえる。

(7) 監査委員会

① 監査委員会の独立社外取締役の不正抑制効果あり

監査委員会における取締役に占める社外取締役の比率は79％だが，不正金額の規模が大きい３社では74％である。

独立社外取締役の比率は83％で，不正金額の規模が大きい社外取締役に占める独立社外取締役の比率は80％である。

監査委員会における社外取締役，独立社外取締役の比率が高いと，不正規模の拡大，抑制効果はみられる結果となった。

② 監査委員会の委員長の不正抑制効果あり

監査委員会の委員長が独立取締役で会計士であるのは，全社ともに０人である。

　しかし，会計士ではないが，独立社外取締役の委員長が存在するのは，不正規模が大きい企業においては0人だが，不正金額が小さい規模である企業は1人である。このことから，監査委員会の委員長が独立社外取締役であれば，抑制効果が高まるといえる。

　しかし任意の指名委員会，報酬委員会を設置し，その委員長が社外取締役であるのは2社ある。そのうち不正規模の金額の大きい3社のうち1社しか該当しない。残りの1社は不正金額の規模が小さい。任意の指名・報酬委員会の委員長が社外取締役である場合は，委員長が取締役など経営陣の報酬を決め，選任，再任の決定権があるため，それなりの影響力が高まる。

　また，監査委員会の委員長が会計士資格保有の独立社外取締役は存在しない。また，委員長が独立社外取締役である企業は不正金額の規模が小さく，不正関与人数が少ない。このことから若干の抑制効果がうかがえる。

　2018年と2019年の不祥事企業の分析においては，上記の通りの結果となったが，日本企業は企業統治形態が監査委員会設置会社，監査等委員会設置会社，指名委員会等設置会社と分かれており，それぞれに分析したため，全体数が少なく調査結果としては若干の差になったケースもある。

　ちなみに少し古いデーターだが2014年1月～17年6月の上場企業の調査報告書120件のうち28件（意図的でない情報流出など）を除いた92件のうち43件が不正会計，32件が会社資産の不正流用，15件が品質偽装である。また，ジャスダックとマザーズでは経営陣による不正流用が多く，東証一部・二部では不正会計が多かった[4]。

　また，それぞれの企業における事例では，それぞれの事情もあることも考慮しなければならない。また，企業によっては不正をし始めた時期が明確でない企業もあるため，現時点での最新の情報をベースに確認した。

　したがって，次に各企業の不祥事の状況についてコーポレート・ガバナンス体制と，その不正となった要因などを確認する。

（注）
(1)　東京商工リサーチ　2019年３月期決算の上場企業2,085社「外国法人等株式保有比率」調査　219年８月５日。
(2)　帝国データーバンク　髙木英美子「役員の数と業績はどう関連する？」http://www.tdb.co.jp/bigdata/nb/0201.html。
(3)　東京証券取引所「東証上場会社における独立社外取締役の選任状況及び指名委員会の設置状況」2019年８月１日。
(4)　発生率はいずれも３％程度で同等であり，市場では違いはみられなかった。渡辺樹一／日本経済新聞朝刊　2017年12月22日付け「企業不祥事の原因，共同体的一体感が影響」。

【参考文献】
エフシージー総合研究所　フジサンケイ危機管理研究所「最近の企業事件・不祥事リスト」。
東京証券取引所「東証上場会社における独立社外取締役の選任状況及び指名委員会の設置状況」2019年８月１日。
東京商工リサーチ　2019年３月期決算の上場企業2,085「外国法人等株式保有比率」調査　219年８月８日。
住友重機械工業株式会社「コーポレートガバナンスに関する報告書」2019年７月５日。
大和ハウス工業株式会社「コーポレートガバナンスに関する報告書」2019年７月８日。
スズキ株式会社「コーポレートガバナンスに関する報告書」2019年11月１日。
ヤマハ発電機株式会社「コーポレートガバナンスに関する報告書」2019年８月８日。
キリンホールディングス株式会社「コーポレートガバナンスに関する報告書」2019年４月８日。
株式会社レオパレス21「コーポレートガバナンスに関する報告書」2019年８月８日。
株式会社安藤ハザマ「コーポレートガバナンスに関する報告書」2019年４月１日。
株式会社IHI「コーポレートガバナンスに関する報告書」2019年６月28日。
株式会社カカクコム「コーポレートガバナンスに関する報告書」2019年６月28日。
株式会社セブン＆アイホールディングス「コーポレートガバナンスに関する報告書」2019年６月28日。
株式会社シード「コーポレートガバナンスに関する報告書」2019年６月28日。
すてきナイスグループ株式会社「コーポレートガバナンスに関する報告書」2019年９月４日。
株式会社川金ホールディングス「コーポレートガバナンスに関する報告書」2019年６月27日。
日本フォームサービス「コーポレートガバナンスに関する報告書」2019年２月13日。
京王電鉄株式会社「コーポレートガバナンスに関する報告書」2019年11月12日。
東武鉄道株式会社「コーポレートガバナンスに関する報告書」2019年７月５日。
ユニチカ株式会社「コーポレートガバナンスに関する報告書」2019年７月９日。

株式会社ジャムコ「コーポレートガバナンスに関する報告書」2019年6月26日。

株主がNTTドコモ「コーポレートガバナンスに関する報告書」2019年6月25日。

株式会社ぐるなび「コーポレートガバナンスに関する報告書」2019年7月11日。

東急センチュリー株式会社「コーポレートガバナンスに関する報告書」2019年9月9日。

ヤマトホールディングス株式会社「コーポレートガバナンスに関する報告書」2019年7月2日。

森永製菓株式会社「コーポレートガバナンスに関する報告書」2019年7月1日。

株式会社ニチイ学館「コーポレートガバナンスに関する報告書」2019年12月3日。

KYB株式会社「コーポレートガバナンスに関する報告書」2019年7月12日。

株式会社SUBARU「コーポレートガバナンスに関する報告書」2019年11月14日。

株式会社カネカ「コーポレートガバナンスに関する報告書」2019年6月21日。

株式会社リクルートホールディングス「コーポレートガバナンスに関する報告書」2019年6月20日。

関西電力株式会社「コーポレートガバナンスに関する報告書」2019年6月21日。

株式会社北洋銀行「コーポレートガバナンスに関する報告書」2019年7月9日。

株式会社京葉銀行「コーポレートガバナンスに関する報告書」2019年6月26日。

株式会社ブリヂストンサイクル「コーポレートガバナンスに関する報告書」2019年10月31日。

日産自動車株式会社「コーポレートガバナンスに関する報告書」2019年7月25日。

スミダコーポレーション株式会社「コーポレートガバナンスに関する報告書」2019年3月25日。

三菱マテリアル株式会社「コーポレートガバナンスに関する報告書」2019年6月27日。

株式会社かんぽ生命保険「コーポレートガバナンスに関する報告書」2019年6月10日。

三菱電機株式会社「コーポレートガバナンスに関する報告書」2019年7月8日。

日本郵政株式会社「コーポレートガバナンスに関する報告書」2019年7月5日。

株式会社フジクラ「コーポレートガバナンスに関する報告書」2019年7月9日。

スルガ銀行株式会社「コーポレートガバナンスに関する報告書」2019年6月28日。

マツダ株式会社「コーポレートガバナンスに関する報告書」2019年6月27日。

株式会社電通「コーポレートガバナンスに関する報告書」2019年3月29日。

株式会社MTG「コーポレートガバナンスに関する報告書」2019年12月26日。

② 最近の粉飾決算

1 組織的不正行為

　コーポレート・ガバナンスにおいて比較しやすいように，監査委員会のない監査役会設置会社と，監査委員会があるのに不祥事になった監査等委員会設置会社や指名委員会等設置会社のそれぞれにおいて，代表的な不祥事の事例を確認する。

　監査役会設置会社では，すてきナイスグループ，住友重機，レオパレス21などがあり，監査等委員会設置会社では，スルガ銀行，電通などがあり，指名委員会等設置会社では，かんぽ生命，日本郵便と三菱マテリアル，三菱電機トーカンなどの三菱電機のグループ企業などがあった。

　特に注視したいのが三菱電機などグループ企業における不祥事である。組織的な不正行為として連鎖し，長期化している。まず不正は子会社でスタートし，それが他のグループ企業にも転移している。また，日本郵政の株式を保有するゆうちょ銀行と，同じく日本郵政の株式を保有するかんぽ生命保険の不祥事についてもグループ全体の組織文化，構造問題がある。

　品質偽装，データー改ざんや顧客情報の流出などの発覚後は，事実調査や原因の分析のために内部調査委員会を立ち上げるが，より深刻な場合は，外部の弁護士などの有識者で構成する第三者委員会などが設置される。しかし，まずその内部調査委員会が形骸化し機能していないことが多い。第三者委員会が独立性の低い外部の人ばかりがメンバーであるなど，企業が洗いざらい全てを調査，公開し反省する姿勢になく，隠ぺいを継続しようとする姿勢がある。不正発覚後は，真摯な謝罪会見をすることであり，日頃から，経営陣はこの練習を充分にしておくことである。また，不正発覚後は一度に全部発覚されるのではなく，グループ会社が次々に少しずつ暴露していることが，長期的な信用を失っている大きな原因にもなっている。また，検査に1年以上費やすこともあり，緩慢な対応が消費者の不満を増加させている。しかし，目先の利益にこだ

わるため経営者の隠蔽する姿勢は変わらない。そのため最近は，隠蔽した経営陣も罪に問われるようになっている。したがって，まずは，グループ企業の組織的不正について確認する。

2　三菱電機グループ

(1)　隠蔽は経営者個人も有罪

　2017年11月，三菱マテリアルグループの三菱電線工業と100％子会社の三菱伸銅での不正を発表後，2018年2月三菱電機子会社のトーカンでは，品質データーの偽装や検査の省略などの不正検査を発表した。発覚したのは2018年1月だが，11か月も経過後，ようやく発表にふみきった。出荷額の9割が親会社の三菱電機であるとし，具体的な製品名を公開せず，また，その他の出荷先についても充分に公開せず，反省も充分とはいえない。2018年2月には親会社の三菱電機に報告し社内調査していたが，その後も出荷を続けていた。不適切行為は品質保証部，製造部，技術部の数人や元社員，管理職も含まれており，組織ぐるみの不正である。

　2018年2月，三菱マテリアルグループのダイヤメット，三菱アルミニウム，立花金属工業の不正を発表，2019年8月には，三菱電機グループ子会社の菱三工業が，品質基準に満たない原子力発電所に使う製品を出荷していたと発表した。

　不正開始はダイヤメットが1977年頃から，三菱電線工業，三菱アルミニウム，三菱伸銅は1990年代になり，1990年代後半は立花金属である。ダイヤメットなどの発覚は，認証機関による国際標準化機構（ISO）の取り消し処分などを受けて親会社の品質担当社員らが初めて子会社に出向き，ようやく不正を見つけたが，それまでの出荷を容認していた。不正そのものを軽視していることや隠蔽体質，検査に出向かずに検査を怠るばかりか，知らないふりをして出荷を続け利益重視している経営者の処分は重い。不正競争防止法違反（虚偽表示）に対して企業だけでなく個人にも判決を言い渡した。神戸製鋼所などこれまでも不正はあったが，経営陣が把握した段階で出荷は停止した。東京地検特捜部は

2018年9月，不正競争防止法違反（虚偽表示）で，三菱電線工業の前長とダイヤメットの前社長を家宅起訴した。データ改ざんで個人が起訴されるのは初めてのことで，2人は不正を認識しながら放置，資料の隠蔽を指示，悪質性が高い。三菱電線工業に罰金3,000万円，村田博昭前社長も罰金200万円の有罪判決を受けた。ダイヤメットでは，品質にかかる不適切行為に関し，不正競争防止法違反により東京簡易裁判所からダイヤメットが罰金5,000万円だけでなく，安竹睦実前社長も罰金200万円の有罪判決を受けた。その他，三菱アルミニウムには3,000万円などの罰金の有罪判決を受けた。これらの個人への有罪判決は，今後の組織的な隠ぺい体質を改善すべき第一歩となる。企業内で，このような不正が発覚した場合，企業内外の弁護士や法務部などを巻き込んで，自身のコメントを記録することで防御することである。上司に逆らえない日本文化がある中，自身がそのときどう思ったのかもメモ書きやメール等記録に残すことが大事である。

　組織的体制，コーポレート・ガバナンスの体制をみると，三菱マテリアルは2018年6月，社長が辞任したが会長として残り，三菱グループや株主から批判を受けている。三菱電線工業では社長，役員3人が辞任した。ダイヤメットでは不適格な商品の流通を続け，社長は辞任した。三菱アルミニウムも不正競争防止法違反で起訴された濱地昭男社長が辞任した。一方，三菱電機と三菱電機子会社のトーカンの社長は辞任していない。三菱電機は指名委員会等設置会社で監査委員会，報酬委員会，監査委員会が設置されており，社外取締役には弁護士と会計士は選任されているが，リスク管理，コーポレート・ガバナンスの体制強化，品質管理のための技術出身者は存在しない。

⑵　労働基準法など

　三菱電機は人事面でも問題がある。利益を追求するあまり裁量労働制を適用する企業が増えていている。三菱電機は，2018年3月，厚生労働省の立ち入りを受け，ようやく裁量労働制を取りやめた。しかし，それまで何人もの自殺者がでて，数年が経過してからのことである。2012年，子会社の名古屋製作所で

技術職の社員が過労自殺，2013年，子会社の三田製作所でも男性社員が脳梗塞を発症，2016年には本社の社員がくも膜下出血を発症し，3人は裁量労働制が適用され，長時間労働が原因で労災と認定されていた。その他，2016年11月には情報技術総合研究所の研究職の社員が精神障害を発症し労災認定されている。この時点で裁量労働制をまだ適用しており，2017年12月子会社のメルコセミコンダクタエンジニアリングの技術職の40代男性社員が別の子会社，メルコパワーデバイスに出向中に自殺した。過労死と認定されたが，この際も裁量労働制を適用していた。

　さらに，再発防止対策は充分ではなく，2019年8月は親会社の三菱電機の新入社員が社員寮で自殺した。教育主任の上司によるパワハラ，自殺教唆や暴言によるものだが，背景には，周りの同僚は，暴言を聞いていたり相談されるなど，この状況を知りながら自主的にコンプライアンス委員会に告発できなかった強い企業文化がある。日常的なパワハラがあったが，上司が怖く告発できなかった。自殺教唆罪の法定刑は6か月以上7年以下の懲役または禁錮（刑法202条）であるためか，上司による自主的な報告もされず企業側の不備なかったと回答していた。対策としては，CMを自粛したり子会社の取締役などの人事異動は行っているが，社員へのケアは充分ではない。2020年1月にようやく「労務問題の再発防止に向けた取り組みについて」がニュースリリースとして発表されたが，形式的なものに過ぎず，社員寮の閉鎖，部署の管理職の総異動，外部カウンセラー対応や外部役員などの有効な活用がなされていない。技術出身や女性，外国人の社外取締役との昼食会で社員の相談を聞き入れている企業もある。しかし，抜本的な組織文化の体質を変えるには，労働・人事関連の部署を最重要な位置に置き，外部からの中途社員を大量に受け入れ，雇用の流動化を図る必要がある。グループ体制において本社機能が整備されていないため，子会社を切り離し，子会社数を減らし管理体制の強化も必要である。大胆で大幅な改善を試みない限り，今後も改善の余地はみえない。

　他方，企業に対して2019年5月，パワハラ対策を義務付けた女性活躍・ハラスメント規制法は成立した。しかし，罰則規定がなく，対策義務にとどまり実

効性はない。厚生労働省は2020年6月の施行に向け，企業に対策を義務付ける指針策定を進めているが，企業内でも製造や品質管理などにモラルハザードが起きている場合，人材教育はおろそかになり，人事面でも問題が起きやすい。企業は1か所において製品の不正が発覚された場合，別の部署での製品の不正チェックをするのは当然のことだが，同時に，人事・総務部，会計監査部など全部署において監査・監督を強化する必要がある。外部役員や外部組織を含めコンプライアンスを再構築する機会ととられることである。また，企業名公表制度は，違法残業や過労死などが2件以上あると，厚労省が全社的に立ち入り調査を実施，労務管理の改善状況を確認し，再び問題が起きた場合，始めて企業名を公表するが，この対応では遅すぎる。企業は迅速に対応する必要がある[1]。

3　かんぽ生命，日本郵政

(1)　株式構造とガバナンス体制

　低金利で貯金によるゆうちょ銀行の収益が悪化する中，郵便局での保険の販売を開始や利益がでない郵便配達業務の縮小，お歳暮などの販売など利益拡大を模索していたといえる。そんな中，かんぽ生命と日本郵便が顧客に不利益を与え，高額の契約をするなどかんぽ生命保険の不正販売問題では，金融庁と総務省は日本郵政グループ3社への行政処分として保険の新規販売を3か月間停止，経営責任の明確化や企業統治の強化などを要求する業務改善命令も出した。そして，日本郵政の長門正貢社長が辞任，新社長には増田寛也元総務相が就任した。かんぽ生命の植平光彦社長が辞任，新社長には千田哲也副社長，日本郵便の横山邦男社長が辞任し，

　郵便社長には衣川和秀が就任し，官僚出身者がつく。

　民営化されても民間出身でない社長が再発防止と信頼回復できるのか疑問である。民営化されたが，根本には他の銀行や証券会社など金融機関よりも高齢者には信頼度が高く，預金限度額も民間銀行よりも高い中，日本郵政のグループ会社への業務停止命令は初めてだが，不正が蔓延していた経営管理体制の欠

陥は明らかで，再発防止のための徹底した対策が必要であるが，具体的な内容
は提示されていない。

　また，かんぽ生命の保険の新規募集と新規契約の締結，日本郵便の新規募集
のみが停止されるだけで，顧客から申し出があれば例外として募集や契約は認
めるとされているように処分は甘い。

　日本郵政の株式所有構造は，約57％を日本政府が保有，外国人の株式保有比
率が約10％，金融機関が7.5％，金融機関取引業者が1.73％，その他の法人が
10％，個人・その他が21％である。大株主は，財務大臣が63％，日本マスター
ズトラスト信託銀行，日本トラスティ・サービス信託銀行などのほかにJP
MORGAN CHASE BANKなどが1％前後から数％保有している。

　取締役15人のうち社外取締役は9人，そのうち独立社外取締役も9人である。
取締役は民間銀行や信託銀行出身者で占められている。指名委員会等設置会社
であるが，社外取締役は，民間企業，マスコミ，保険会社の経営者で占められ
ている。特に民間の保険会社の経営者が社外取締役であることから，顧客にあ
わせた保険商品を平等に紹介するのではなく，利害関係のある保険商品を販売
する体制は維持されることになる。

　弁護士は存在するが，会計士はいない。各委員会では社外取締役のみで構成
されている点，委員長は社外取締役である点はコーポレート・ガバナンス体制
にそっているが，監査委員会のみ構成員に他の2人がメンバーである点，また，
監査委員会に会計士がいない点は形式的な設置にすぎない。

　かんぽ生命の最新のコーポレート・ガバナンス報告書（2020年1月14日現在）
では，株式構造は，外国人の株式保有比率は10％未満，日本郵政が89％で親会
社が日本郵政になる。その他，日本トラスティサービスなどが1％弱ずつ保有
している。指名委員会等設置会社を維持，取締役8人に対して社外取締役は7
人，そのうち独立取締役は6人である。弁護士は1人，それ以外は元あるいは
現役の経営者である。会計士は存在しない。指名委員会，監査委員会，報酬委
員会，それぞれの委員長は社外取締役であるが，構成員は社外取締役だけに一
任されておらず他の取締役などが1〜2人メンバーである。監査のプロセスに

おいて会計士がいないため，適切な監査チェックができない。また経営者を多く選任しており，今後も利益追求を重視した経営方針であることにかわりはなく，ガバナンス強化対策はみられない。形式的な監査委員会を設置しているにすぎない。報酬，指名においても社外取締役において取締役を選任，報酬を決定するだけの影響力がある人が見当たらない。

　民間企業にある子会社まで管理できない体制であるという点よりも半官半民である点が大きな懸念材料である。

　保険市場が飽和状態にある日本において，かんぽ生命だけが販売営業利益を急増させることは困難である。70歳以上の顧客を中心に乗り換えなどの手数料などで稼ぐしかない中，保険商品を販売しつづけるなら新たな戦略が必要である。また，急激に民営化され利益追求型になり，ノルマが課されるなど営業力がないのに無理な目標があった。いずれ株式保有比率において完全に民営化されても，高齢者には半民半官として信頼度が残る中，利益追求型でない商品提供やアドバイスなど半官精神をいかすなどの取り組み対策も必要である。不正が組織的に長期的に行われていたことを反省しているなら，今後は迅速に見本となるようなガバナス体制を整備する必要がある。

4　海外子会社の例：大和ハウス工業

　2005年設立の大和ハウス工業と子会社の株式構造は，当初は折半出資議決権ベースだったが，現在は大和ハウスが83.65％，大連中盛が16.35％の株式を持つ。大和ハウス工業は2019年3月，中国の合弁会社で子会社の大連大和中盛房地産の取締役2人と経理1人による不正流用が約234億円あった。合弁先企業の取締役とその息子である取締役，親戚の経理の3人だけが経理を担当，2015年から約8億2,500万円を20回以上に分けて送金，日本側の監査機能が全く機能していなかったことがわかる。子会社が現地物件を無断で譲渡しており，合弁解消を求めたダイワハウス工業との対立が深まっていたことも背景にある[2]。2019年6月に受理された第三者委員会の報告書では，大連の会社では印鑑の管理を始め大金にまで日常的な会計監査を任されており，日本の本社の財務担当

者，法務担当者による中国子会社への関与が許されないような上下関係になっていた[3]。第三者委員会銀行の残高証明書などが偽装されても気が付かず，機能がマヒしていたとしかいいようがない。大和ハウスグループ会社は，大和ハウス工業だけでなく，アッカ・インターナショナル，エネサーブ，大阪マルビル，グローバルコミュニティ，コスモスイニシア，コスモスホテルマネジメント，コスモスライフサポートなどの国内156社に加え，インドネシア，中国など海外では231社もあり，従業員はここ10年で2倍近く増加している。北米，豪州など海外への投資のうち半分をアジアに集中している[4]。中国における日本企業の子会社や合弁会社での不正が相次いでいる。リズム時計は，広東省東莞市の連結子会社の不適切な会計処理で約2億9,000万円の損失が生じ，社長が引責辞任することになった。帝国電機製作所は中国の子会社などが架空取引や不適切な会計処理があり，会長の引責辞任だけでなく取締役の報酬返上などの処分をしいられた。中国では政府主導の経済関連の規定の変更が多く，それに対応するため日本企業は現地適合化を進め，現地法人のトップに現地の人材に任せ，日本人駐在員を減らしている。しかし政府への汚職などは後を絶たず，日本人は遠慮して充分な情報交換をせずに任せきりにするなど日本の本社機能が低下している[5]。

5　上場支配株主を有する従属上場会社

(1)　日本企業における支配株主構造

　日本企業は諸外国と比較すると，上場支配株主を有する従属上場企業が多い。上場会社3,892社のうち支配株主50%以上保有しているのは238社と6.1%を占めている。支配株主30%以上保有している企業は28社で3.5%を占めている。支配株主50%以上では，アメリカは0.52%，支配株主30%以上保有しているのは0.89%，イギリスでは，それぞれ0%，0.2%，フランスの2.2%，3.7%，ドイツの2.1%，3.5%と比較するとかなり多いことがわかる。

　非上場を含めると，日本の3,639社のうち25%から50%未満保有する株主がいる企業は25%，50%以上保有する株主がいる企業は8.4%である。アメリカ

ではそれぞれ18％，16％，イギリスは24％，9％，ドイツ30％，40％，フランス27％，42％である[6]。

　上場会社を保有する理由としては，優秀な人材の確保などがあるが，子会社が資本市場や金融機関から資金調達する必要があるためなどでもある[7]。

　上場子会社においては，市場第一部の上場企業に比較して，独立社外取締役の設置人数，比率が低い。

　その他，上場子会社数を多く有している上位5位の企業は，ウェルシアHD，イオン北海道，イオンフィナンシャル，イオンモールなど18社を保有するイオン，イデアインターナショナル，ジーンズメイトなど9社を保有する2位のRIZAP，GMOペイメントゲートウェイ，GMOフィナンシャルHDなど保有する3位のGMOインターネット，プリマハム，ファミリーマート，伊藤忠エネクスなどを保有する3位の伊藤忠商事，日東フジ製粉，ローソンなどを保有する5位の三菱商事などがある。

(2)　ソフトバンク

　例えば多重上場構造にはソフトバンクグループがある。1998年上場したソフトバンクグループが67％保有しているソフトバンクは2018年に上場，ソフトバンクビジョンファンドは海外100％子会社であり，その傘下には海外企業数社を保有している。ソフトバンク子会社が54％保有するのはソフトバンクテクノロジー54％，アイティメディア53％，ベクター52％，Zホールディングス45％，サイジニア32％，ジーニー31％を保有。そのうちZホールディングスは，アスクル45％，ZOZO50％，バリューコマース52％，ヤフー100％保有し，その傘下には，イーブックイニシアティブ43％を保有している。

　2020年1月，ソフトバンクは，不正競争防止法違反（営業秘密の領得）があった。機密情報を扱う統括的な立場でサーバーへのアクセス権限があったモバイルIT推進本部無線プロセス統括部長が，不正取得したデーターを記録媒体に移し，在日ロシア通商代表部の職員などに譲渡したとして，不正競争防止法違反（営業秘密の領得）となった。内容は電話の基地局など通信設備に関する工事

をする際の作業手順書など機密情報であった。

その他にも，2019年6月には，ソフトバンクグループが国税局から約4,200億円の申告漏れを指摘，数千億円規模の申告漏れは極めて異例である。損金算入の時期で見解の相違があり修正申告したとしているが，2017年12月にも，国税局から約1億4,000万円の所得隠しを指摘，追徴税額は約4,500万円に上る。3年間では，経理ミスなども合わせた申告漏れの総額は62億円で，追徴税額は17億円である。また，2013年にはアメリカの携帯電話大手スプリントを買収し，2014年にはアメリカ携帯卸売り大手ブライトスターを買収した。これらの2社はバミューダ諸島に子会社があり，事業目的で支出した保険料の一部が子会社に入る仕組みで利益を上げさせている。また，ブライトスターのシンガポール子会社も関連会社以外との取引が少ない。合算対象所得は約747億円で，経理ミスを含めると約939億円となっている。買収企業の傘下会社が数百社あり，把握できなかったとしているが，その後も同様の問題が続いている。

(3)　子会社の不祥事の事例

回帰分析などの結果では，子会社数と不祥事には関連性はみられなかったが，それでも表8－2に子会社の不祥事についてまとめたように，所得隠しや不正取引などの面においては，日本国内の本社機能よりも海外子会社などでは隠蔽しやすいことも実態である。

6　日産の事例研究

(1)　株価への影響

日産の不祥事は，前会長のカルロス・ゴーンの逮捕から2020年1月の逃亡劇によりゴーン氏のみが注視されたが，遡れば2017年の無資格者による不正監査から始まっている。国土交通省の立ち入り検査された工場で無資格者の不正検査の実態を把握したが，それまで国交省の立ち入り検査に従業員が関係資料の一部を修正，削除するなど不適切な行為が行っていた。すでに30年以上前から不正は常態化し工場の管理者や経営陣が把握，管理できなかったというのは信

じがたい。短期的に目先の収益を過大に追求するゴーン体制により現場の負荷が高まり，完成検査員不足が問題だった。2017年11月の再発防止策で検査員の増加，生産スピードを低下，教育を優先させる対策を打ち出したが，生産スピードは2018年１月時点で不正発覚前の状態に戻り，業績に大きなダメージは出ていない[8]。一方，株主の信頼を損ね株価下落は進むことになった。

表8-1　日産の株価の推移（2010年～2020年）

年	終値（円）
2020	494
2019	631
2018	880
2017	1123
2016	1175
2015	1279
2014	1050
2013	884
2012	811
2011	692
2010	721

出所：日本経済新聞社電子版『株価』日産自動車「過去10年の株価」（2010年のみ
　　ヤフーファイナンス）などを参考に筆者作成。

　日産の株価は2010年１月平均736円から上昇，2015年平均1,300円近くまで上がったのがピークなり，その後は下がり続けている。売り上げは1999年のルノーとの提携，ゴーン氏のCOO就任，2001年CEO就任を経て2017年まで２倍に成長を遂げているが，収益性は低い。株価は，2015年を境に下落している。2015年にフランス政府がルノーを介して日産への関与を強めようとしたといわれ，2018年は，ゴーン氏がルノーCEO職に再任され2022年まで３社アライアンスのトップを務めることが決定，2018年は月平均で１月1,163円，２月1,125円，３月1,104円，４月1,151円，５月1,080円，６月1,078円，７月1,055円，

８月1,040円，９月1,063円，10月1,027円，11月994円，12月880円と下落傾向にあり，12月東京地検特捜部によるゴーン氏と日産が金融商品取引法違反で起訴された。また，サウジアラビアとオマーンの知人へ日産子会社の資金を送金するなど日産に損害を与えた会社法違反（特別背任）罪でも起訴された。自動車業界の収益指数は12％上昇したというのに日産の収益率は下落，時価総額も３分の１を失った。金融危機後，日産は上昇率が１％未満だが，トヨタもホンダも２倍前後上昇している。2019年になると，１月平均926円，２月962円，３月908円，４月893円，５月734円と下落，６月株主総会で指名委員会等設置会社に移行することを発表し株価は771円になったが，翌月には710円になり，８月656円，９月674円，2019年９月CEOの西川廣人の辞任をきっかけにますます下落している。10月689円，11月678円，12月636円と下落傾向が続き，2020年１月のゴーン氏の逃亡により，2020年２月２日は599円まで下がっている。

(2)　ストック・アプリシエーション権（SAR）の決定方法

　西川氏の解任は，株価連動型報酬制度を利用し，社内規定を超えた不正な報酬の取得があった。ケリー氏が西川氏から役員報酬の増額を求められ，株価連動型報酬制度の権利行使日を2013年５月14日から22日に意図的にずらしたことで株価は１割ほど上がり，約4,700万円上乗せして支払うことが可能になったのである。株価連動型報酬制度，ストック・アプリシエーション権（SAR）と呼ばれる制度は，一定の株価を設定し，その事前に決めた株価より上がった場合は，取締役の努力分として，その差を受け取れる。

　日本企業では多くが固定給であり，平成29年度の税制改正で損金算入が可能になったため採用企業は増加するだろうが，そのやり方には注意しなければならない。日産の二の舞を踏むことになる。しかし，もともと日産は，報酬委員会もなく，報酬決定プロセスも曖昧な記載でしかない杜撰なガバナンス体制であった。ゴーン氏に任せずに，新しい報酬制度などを取り入れる場合，外部の弁護士などにも相談すべきだったが，日産だけでなく経営者の独裁体質によりそれが不可能になっている企業も多い。

(3) 報酬記載方法

新しく報酬記載方法が変わることは前述したが，１億円以上の報酬の取締役だけでなく，そのプロセス決定方法なども記載しなければならない。できるだけ有価証券報告書などには丁寧，親切に詳細を明記したほうがガバナンス効果，株主からの信頼を得ることもできる。日産の場合は「株価連動型インセンティブ受領権額は2014年年３月31日時点の株価を用いて算定した公正価額に基づき，当事業年度に計上した会計上の費用を記載している。この公正価額で，支払いが確定されたものではない。取締役９人のうち６人に普通株式600万株相当数を付与したが，その行使可能数は，被付与者の業績目標の達成度に応じ最終的に決定される」と明記しているだけである。決定方法について「取締役会議長が他の代表取締役と協議の上，各取締役の報酬について定めた契約，業績，企業報酬のコンサルタントによる役員報酬に関するベンチマークの結果を参考に決定する」との記述があるのみで，受領権の報酬額には触れていない。

2010年３月31日を末日とする事業年度に関して提出される有価証券報告書から，金融商品取引法に基づく開示ルールが改正された。上場会社は，当該上場会社及び連結子会社から取締役が受ける連結報酬総額が１億円以上の場合には開示を義務付けられることとなったが，日産の場合，ケリー氏は，報酬が１億円を超えていたのにもかかわらず開示してなかった。ゴーン氏は自分に反対する外部役員を再任しない傾向にあり，その企業風土により経営陣を監査・監督できる外部役員が設置されていなかった。今も選任されていないのは，社外取締役，社外監査役のプロフィールをみれば一目瞭然である。43％の株を持っているルノーのトップが日産のトップをも兼任していることは，１人に権力が集中しすぎている。本来，経営陣は株主の監視を受けることになるが，大株主はルノーであり，ゴーン氏はルノーのトップでもあり，誰からもチェックする機能がなかった。

(4) 三菱との資本関係

日産が三菱自動車に34％出資しているほか，三菱重工業，三菱商事，三菱東

京UFJ銀行の三菱グループ3社合計の出資比率が20.8％で，日産と三菱グループで出資比率が54.8％と過半数を占めているということは，経営陣の提案した議案が承認されやすいことになる。しかし，株主総会で益子氏を含む取締役選任の議案の賛成率は83.4％にとどまった。三菱自動車の「第48回定時株主総会」で，燃費不正の責任をとって当時社長だった相川哲郎氏が退任する一方で，会長兼CEOで益子氏が残留したことで批判が多かった。質問を希望する株主には事前に申請，くじ引きで質問者を決める方針にし，人数は議長であるゴーン氏が決定，一定の時間が経過後は，質問を打ち切る方法で株主からの不満も増えている。

　2018年11月にゴーン被告が逮捕後，日産は西川広人氏が2019年9月に社長兼CEOを辞任し，12月に内田誠社長兼CEOと，アシュワニ・グプタCOOが就いた。ルノーは1月，ゴーン被告の後任としてジャンドミニク・スナール氏が会長，CEOにティエリー・ボロレ氏が就任したが，10月には解任された。外部役員も含めて，ガバナンス体制の強化のためリスク管理，会計士などよりも経営戦略，業績重視による人選であることがわかる。業績が悪化するからルノーなどとの資本提携は解消できず，またグループ会社での不正は連動していく懸念がある。モニタリング機能がきかなくなった企業風土は流動化していくため，歯止めをかける必要がある。アメリカではCEOだけが交代するのではなく，業績が悪化しただけでも経営陣5～8人が一斉に責任をとり，交代する。アメリカの人材ビジネス会社では，辞任した5～8人グループで代替人事として新候補者をすぐに提案できるようにしている。新しい風を吹き込み組織文化を変え，工場のモニタリングチェックなど細かい点からガバナンス体制まで整備しなおす必要がある。

　子会社の数と不祥事の関連性は明らかにはなってないが，筆者の社外取締役へのヒアリング[9]によると「親会社の取締役会で大事なリスク管理の対策を検討してもらいたいと発言しても無視され聞き入れてくれることはない」という回答があった。他方，新興企業では，熱心に聞き入れ，アイデアを取り入れてくれることが多いという。また，親会社に子会社の不正抑制について意見を出

しても無関心で，責任があるという意識があまりない親会社の役員が多い。同じ企業内でも不正抑制できないのに，海外子会社では，特に個別の横領を見抜くことは難しい。表8－2に子会社の不祥事の例をあげるが，経理，財務関係者の現地派遣を充分に行うことである。

表8－2　代表的な子会社の不祥事

企業名	内容，時期，国・地域	
NEC	不正流用，2014年，川崎市	ネットワーク事業の子会社の社員が不正，15億円着服
伊藤忠商事	横領，2014年，NZ	子会社社員が7億円横領
LINIX	不正会計，2015年，中国	買収対象会社の子会社が不正会計，660億円の損失
東芝	不正会計，2015年，アメリカ	傘下の原子力事業会社が受注した建設計画，見積もり以下の金額を計上。インバーター製造子会社が損失引当金を計上しないなどの不適切会計
富士フィルム	不正会計，2017年，NZ・豪州	コピー機リース契約において子会社社長の不正会計，375億円の損失
神戸製鉄グループ	データー改ざん，2017年，日本，中国，マレーシア，タイ	製品の検査過程において，証明書の書き換えなどのデーターの改ざん

出所：ANDERSON MORI & TOMOTSUNE／西谷敦（2017年11月25日）。

（注）
(1)　朝日新聞朝刊「三菱電機，社名公表恐れ裁量制全廃か厚労省の調査受け」2018年9月23日付け。
(2)　産経新聞朝刊「大和ハウス，中国で巨額横領　関連会社で234億円か」2019年3月13日付け。
(3)　大和ハウス工業株式会社「中華人民共和国の関連会社における不正行為に関する『第三者委員会報告書』受領のお知らせ2019年6月18日。
(4)　大和ハウスグループ公式ホームページ「大和ハウスグループ一覧」「数字で見るダイワハウスグループ」。
(5)　日経ビジネス「他人事と笑えぬ大和ハウスの巨額流用事件」2019年3月25日。

⑹　平成30年度産業経済研究委託事業（経済産業政策・第四次産業革命関係調査事業費（M&Aに関する調査），Maria Gutierres and Maribel Saex"Strong shareholers, weak outside investors"(Dec, 2017)，東京証券取引「各国における従属上場会社の状況」（2020年1月）。

⑺　平成30年度産業経済研究委託事業（グループ経営におけるコーポレートガバナンスに関する調査）調査報告書のデーター，東京証券取引「各国における従属上場会社の状況」（2020年1月）。

⑻　日本経済新聞朝刊「日産，不正『幕引き』信頼回復へ残る課題」2018年3月26日付け。

⑼　柏木理佳（2015）桜美林大学大学院　国際学研究科　国際人文社会科学専攻　博士授与論文『中国民営企業における独立取締役の監査・監督機能－日中比較及び研修機関の役割の一考察－』，『日本の社外取締役制度－現状と今後－』北東アジア研究選書。

【参考文献】

平成30年度産業経済研究委託事業（グループ経営におけるコーポレートガバナンスに関する調査）調査報告書のデーター。

東京証券取引「各国における従属上場会社の状況」（2020年1月）。

不祥事一覧（2018年）

1月

—出版社の「幻冬舎」はHPから不正アクセスで会員情報の一部が流出した。

—がんなどに効くなどとしてサプリメントを販売した福岡県のセル源販売本社
　社長は医薬品医療機器法違反（未承認薬の広告の禁止）。

2月

—ポルシェジャパン，2万8,700人分の顧客の個人情報が外部からの不正アク
　セスにより流出した。

—東京地検特捜部は，恐喝未遂の疑いで，東京法務局男性職員を逮捕。

—2017年日本ハムの執行役員が航空会社の女性従業員に性的な内容を含む発言，
　社長も同席。

—三菱マテリアルは新たに，三菱アルミニウム，立花金属工業，ダイヤメット
　の3社で不正事件発覚。

3月

—国土交通省は，日産に，新車の無資格検査問題で業務改善を求めた後も一部
　で不正な検査を続けていたとして，道路運送車両法違反による過料を適用す
　るよう横浜地裁に通知。

4月

—ソニーの子会社，ソニーエンジニアリングとソニーデジタルネットワークア
　プリケーションズの取締役を兼ねる3人が，不適切な交際費や出張費の支出
　していた。

—東京国税局がソフトバンクグループの約939億円の申告漏れを指摘，2016年
　3月期までの4年間。

—酒類輸入販売「日本ビール」が，法人税約4千万円を脱税。

5月

—2017年10月に発覚した神戸製鋼所の製品性能のデータ偽装問題，現場の管理
　職や元役員なども認識し，部下に偽装などを指示した役員がいた。

―消費者庁はTSUTAYAが提供している動画配信サービスで，2割強の作品しか見れないのに，全作品が見放題と謳い集客していた。

―第一生命ホールディングスの会長らが，保険金の支払い漏れの顧客に法的根拠のない見舞金を支払い，会長らに約20億8,000万円を会社に支払うよう求める株主代表訴訟。2001年〜05年度に約7,200件，約10億3,000万円の支払い漏れがあり，2015年12月に，ほぼ支払いが完了した。

―全品地鶏使用を謳っている居酒屋「塚田農場」が外国産を使っていたことが判明。

―はごろもフーズはマカロニ製品の「ポポロマカ」「ペンネ」など28種類を自主回収。マカロニ製品の袋に製造設備のポリウレタン樹脂の破片が混入した恐れ。

―森永乳業の最大約12万人のカード情報や個人情報が流出した。

―公正取引委員会は，通販大手のアマゾンジャパンが自社サイトで直販する商品の値引き分を商品納入業者に補てんさせる独占禁止法違反（優越的地位の乱用）の疑い。

6月

―JAとうかつ中央は松戸南支店に勤務する係長が，支店の金庫にあった現金約9,633万円を着服。

―スミダコーポレーションの元社外取締役が金融商品取引法違反（インサイダー取引，取引推奨），配当金を増やすとの未公開情報を元に株を知人名義で8,800万円分を買い付けていた。

―インターネット上に発表前の日産自動車「リーフ」の新型モデル写真を掲載した取引先の男性を営業秘密侵害の疑い。発表前の車の画像は企業秘密に当たると判断。

―ビアホールチェーン「キリンシティ」が提供していた黒ビールカリー関連の25品目について，実際にはビールが使用されておらず，景品表示法違反（優良誤認）。

―昨年11月に製品データ改竄（かいざん）など，品質不正の三菱マテリアルは，

子会社のみでなく本体でも改ざんが行われていた。

―宇部興産は1970年代から品質担当部署の社員らが，不正な管理システムを利用し，規格外の製品を納品していた。

7月

―ホテルポートプラザちばが販売している自家製チャーシューについて食品衛生法で求められる製造・販売許可を得ておらず販売していた。

8月

―スルガ銀行は，顧客3人の定期預金を勝手に解約，1億6,500万円を横領したとして，本店営業部の部員を懲戒解雇した。

―日産やスバルで発覚した燃費や排ガスの不正検査について，マツダやスズキ，ヤマハも不正を行っていたことが判明。

9月

―日本経済新聞社のグループ，ラジオNIKKEIは，音楽番組「クリック・デ・オンエア」の番組ディレクターが番組進行で不正，番組終了させた。

―電線大手のフジクラは，製品の検査データを改ざんしていた。

10月

―免震・制振装置データの不正改ざん問題で，川金ホールディングスのグループ企業でもデータ改ざんした製品を出荷していたことが判明。

―油圧機器メーカーのKYBが免震・制振装置のデータ改ざんを行っていたことが判明。

11月

―都バスの男性運転手が寝過ごした乗客のバックから現金2万5,000円の入った財布を盗み取った。

―日本航空は，英国で副操縦士が基準値の約10倍のアルコールが検出され逮捕，旅客機は1時間9分遅れで出発。

12月

―山梨県警は，市発注の公共工事の入札を巡り，地方公務員法違反容疑で笛吹市消防本部の男性管理課長と市下水道課施設担当の男性主幹を逮捕。

不祥事一覧（2019 年）

1月

—住友重機械工業は，グループ会社で製品検査の不適切検査など300件弱の不正。2018年10月に完全子会社の生産設備向けに納入する部品製造で検査データの改ざんがあったばかり。

—京王電鉄の子会社，京王観光が団体旅行でJRの切符を実際よりも少ない枚数で発券，差額を不正利益。京王観光の紅村康元社長が月額報酬の30％，3か月分を自主返納。JR各社は京王観光に約1億8,000万円の賠償請求。

2月

—全日空の副操縦士が乗務前の呼気検査でアルコールを検出し，運行に遅れが出た。2018年にもグループ会社の機長で同様の例があった。

—2018年5月消費者庁がDVDレンタルのTSUTAYAに対して景品表示法違反（優良誤認）で再発防止の措置命令。課徴金1億1,753万円の納付命令を出した。「TSUTAYA TV」で全作品が見放題のように宣伝した。

—2018年7月に判明，ヤマトホールディングス子会社の引越料金過大請求，四国地方の支社幹部らに詐欺罪の告発状。過大請求は2016〜2018の2年間で4万8千件，約17億円に上った。

3月

—アルバイトによる不適切動画が流された大戸屋ホールディングスは290店舗を休業，従業員らへの教育と店舗の清掃で損失は1億円。アルバイトに損害賠償請求などの法的手続きも。

4月

—横浜市営バスの運転手ら3人が酒気帯び運転などによる遅発運転で懲戒処分など。

—森永製菓が下請けに950万円減額した下請け法違反。

—製薬会社コーアイセイが，ジェネリック医薬品のカルテル，独禁法。

—T&Cメディカルサイエンスの代表取締役がインサイダー取引，上場廃止公

表前に売却。

—JR九州のサイトが不正アクセスで，8,000人分の個人情報や一部，カード番号も流出。

—大和ハウス工業，耐火性や基礎構造に不適合があり建築基準法に違反。

—楽天トラベル，ブッキング・ドットコム，エクスペディアを運営する楽天，ブッキング・ドットコム・ジャパン，エクスペディアホールディングスの独禁法違反。

5月

—ユニクロのファーストリテイリングは，ユニクロとGUのネット通販サイトに不正アクセスがあり，46万件の個人情報が流出。

—ニチイ学館とソラスト，エヌジェーシーが談合。2001年にも同様の談合を行い，課徴金納付。

6月

—ブリヂストンサイクルとヤマハ発動機は，電動アシスト自転車等のハンドルロックの誤作動で，転倒した事故により343万台のリコール。

—外国通貨への交換・売買によるFXの東郷証券が顧客に6,200万円提供，損失補てん，代表取締役など4人が金融商品取引法違反。

—建築基準法違反の建物1,878棟を建設した大和ハウスで，更に1,885棟に違法建築が判明。違法建築物は3,763棟に。

—東京都が都民に住宅ローンの利子を補助する「個人住宅建設資金融資あっせん制度」の利用者の情報分が，金融機関にメール誤送信。

—JA加賀職員が顧客の870万円余りを着服。異動後に別の担当者が不正を発見。

—シード，日本アルコン，クーパービジョン・ジャパンの大手コンタクトメーカーが独禁法違反。

—「カレーハウスCoCo壱番屋」の創業者が20億円の申告漏れ，高級楽器も経費に。加算税の追徴課税は約5億円。

—100円ショップのダイソーが，別会社のデザインした動物フィギュアの類似商品を販売。

7月

―日立製作所の子会社が製造販売したコードレス掃除機が充電中に発火する恐れでリコール。

―アップリカが2016年から独禁法違反で再発防止を求める排除措置命令を出された。

―すてきナイスグループの会長，副会長，元取締役の3名が金融商品取引法違反。2015年3月期の有価証券報告書における虚偽記載。

―エフエム東京，3か年の営業利益11億円分を過大に計上していたことが，内部告発によって判明。

8月

―東武鉄道子会社の「東武ホテルマネジメント」の元取締役経理部長が総額6千万円を着服，業務上横領。グループ会社の経理を一人で担当していた。

―ユニチカがデータを改ざん納品，社内監査で判明。1年近く隠ぺいしていた。

―大型旅客機のラバトリー製造のジャムコ，無資格の検査員が検査をするなど不正。

―大阪メトロの男性車掌が乗務中にスマホのゲーム。乗客からの通報で発覚，処分された。

―国内最大のソフトクリームメーカー，日世が3年間10億円の申告漏れ。利益を海外に移し，修正申告に応じている。

9月

―ユニクロが全国の店舗で導入しているセルフレジが特許侵害，IT関連企業「アスタリスク」が開発，ライセンス使用料を求めたが拒否され，逆に特許無効の審判を起こされた。

―大阪市の激安スーパー「スーパー玉出」が，従業員の職務中のケガについて労働基準監督署に報告せず，労働安全衛生法違反，運営会社の労務担当人事部長らを書類送検。

―独大手自動車メーカー「BMW」の日本法人が国内販売店に過剰なノルマを課し，販売店に買い取らせているとして，独禁法違反。

10月

—NTTドコモ子会社の社員がポイントを不正に取得，金券と交換。不正アクセス禁止法違反と電子計算機使用詐欺など。

11月

—三菱電機子会社の技術者が2017年末に過労自殺し，2019年10月に労災認定されていた。

—京葉銀行の元行員が，顧客から徴収する口座振替手数料を着服。2億5,000万円にのぼるが，大部分が時効で3,700万円のみ電子計算機使用詐欺に。

—トヨタ自動車の社員が2017年に自殺したのは，上司の執拗なパワハラが原因だったとして豊田労働基準監督署が労災認定。

—大阪府の茨木市消防本部の消防士ら3人が，後輩消防士らへの暴力行為を継続的に行っていたことが判明，懲戒免職処分。

—室蘭工業大学は9月のシステムの切り替えの際に誤操作でHPから20日間，成績が閲覧できるようになっていた。

—熊本第一信用金庫の元男性職員が，融資金や定期預金の1億2千万円を着服。

—日亜化学工業の従業員2人が，ドラム缶30缶（3,400万円相当）を盗み建造物侵入と窃盗。

12月

—首都大学東京の健康福祉学部の教授が大学院の入試試験問題を漏洩，懲戒解雇処分。

—NHK仙台放送局の経理担当の職員が不正経理を行い，54万円を着服。

—個人情報の入った神奈川県の行政文書の入ったハードディスクが流出，富士通リースに対して損害賠償請求など法的措置。

—学校法人明浄学院をめぐる21億円の横領事件で，不動産会社「プレサンスコーポレーション」の社長が横領。

—楽天に勤務していた男性が，上司の暴力により頸髄を損傷，手足にマヒが残った上，うつ病を発症し，労災認定されていた。

—山口県防府市のコロッケ製造会社「福八」の社長が産地を偽装し学校給食会

に納入，不正競争防止法違反。

2020年1月

—日本郵便の配達員が，2万通の郵便物を配達せず自宅に隠しており，郵便法
　違反の容疑。

—宮崎銀行の男女行員が合計で約1億2,000万円余りを着服していたことが判
　明。

—愛知県小牧市の職員が2018年7月に自殺した事件の原因は上司のパワハラに
　よるものと判断，地方公務員災害補償基金に公務傷害と認定。

—慶応大学病院の男性経営企画室課長が，2018年12月に三田キャンパス内の女
　子トイレに隠しカメラを設置盗撮，東京都の迷惑防止条例違反。

—大手進学予備校「東進ハイスクール」の講師が，警視庁に強要未遂で逮捕さ
　れた。

—住友重機械労働組合連合会の元会計担当が，組合員の積立年金口座から5,000
　万円を着服した。

—イケアは2017年に米国で同社製のタンスが倒れ，男児死亡事件で，遺族に和
　解金として50億円支払うことが決定。

—JAしまねの職員が農家から管理を委託された口座に入金すべき現金95万円
　を着服した。

　　出所：エフシージー総合研究所　フジサンケイ危機管理研究室「最近の企業事件・不
　　　祥事リスト」2020年1月27日現在。

不祥事企業名	不祥事内容	外国人株式保有比率	子会社数	従業員数	不正の規模(億)
住友重機械工業	不適切検査	30%以上	100−300	1000	19
京王電鉄（京王観光）	切符不正使用	10%から20%	10−50	1000	1.8
ヤマトHD（ヤマト運輸）	過大請求	20%から30%	10−50	1000	17
森永製菓	下請け法違反	20%から30%	10−50	1000	0.1
大和ハウス工業	建築基準法に違反	30%以上	300以上	1000	20
ニチイ学館	談合	20%から30%	50−100	1000	0
シード	独禁法	10%未	10−50	500−1000	0
すてきナイスグループ	金融商品取引法違反	10%未	50−100	1000	5
東武鉄道（東武ホテルマネジメント）	横領	10%から20%	50−100	1000	0.12
ユニチカ	データ改ざん	10%から20%	10−50	1000	2
ジャムコ	無資格の検査	10%から20%	10−50	1000	0
川金HDG	データ改ざん	10%未	10−50	1000	218
KYB	免震・制振装置のデータ改竄	20%から30%	10−50	1000	1000
NTTドコモ	不正アクセス被害	10%から20%	100−300	1000	1.4
スバル	ブレーキなど検査不正	20%から30%	50−100	1000	65
スズキ	リコール検査不正	30%以上	100−300	1000	800
ヤマハ発動機（ヤマハ熊本プロダクツ）	賃金未払い	30%以上	100−300	1000	0.16
キリンHD（キリンシティ）	景品表示法違反（優良誤認）の再発防止措置命令	30%以上	100−300	1000	2017〜2017レシート持参で返金
レオパレス21	建築基準法違	30%以上	10−50	1000	5.7
セブン＆アイHD	セブンペイ不正アクセス	30%以上	100−300	1000	0.55

（外国人の株式保有比率，子会社数，会計士の比率など）

不正関与数 1：1人 2：2～5人 3：6～10人 4：10人以上	社外取締役に占める会計士の比率	独立社外取締役に占める会計士	任意の監査委員会設置し委員長が社外取締役	任意の指名委員会設置し委員長が独立社外取締役	報酬監査委員会の委員長が社外取締役	社外監査役に占める会計士の比率	独立監査役に占める会計士の比率
4	0	0	0	1	1	0	50
3	0	0	0	0	0	0	0
4	0	0	0	0	0	0	50
1	0	0	0	0	0	0	33
4	0	0	0	0	0	0	0
3	0	0	0	0	0	0	50
4	0	50	0	0	0	0	0
2	0	33	0	1	1	0	0
1	0	0	0	1	1	0	0
4	0	0	0	1	1	0	50
4	0	0	0	0	0	0	50
2	0	0	0	0	0	0	0
4	0	0	0	0	0	0	0
0	0	0	0	0	0	0	0
4	0	0	0	0	0	0	0
4	0	0	0	0	0	0	33
1	0	0	0	0	0	0	50
4	0	0	0	0	1	0	0
4	0	0	0	1	1	0	33
0	0	0	0	1	1	U	66

カネカ	育児休暇後の配置	20％から30％	50−100	1000	0
リクルートHD（リクナビ）	個人情報保護法	20％から30％	300以上	1000	0
関西電力	金銭授与	20％から30％	50−100	1000	3
安藤ハザマ	架空発注で裏金ねん出	30％以上	10未満	1000	2.5
京葉銀行	着服	10％から20％	10未満	1000	2.5
北洋銀行	情報漏洩	20％から30％	10未満	1000	
日本フォームサービス	不適切会計処理	10％未満	10未満	100−500	0.2
カカクコム（食べログ）	景品表示法違反（優良誤認），独占禁止法	30％以上	10未満	500−1000	0
ぐるなび	景品表示法違反（優良誤認），独占禁止法	10％から20％	10未満	1000	0
リクルート（ホットペッパー）	景品表示法違反（優良誤認），独占禁止法	20％から30％	300以上	1000	0
IHI	不正検査	30％以上	100−300	1000	350
東京センチュリー（富士通リース）	HDD持ち出し個人情報	10％から20％	100−300	1000	0.1

＊ 2019年12月19日現在の年報，コーポレートガバナンス報告書を参考に電話取材などで筆者追加。
　　上場停止や情報不足の企業などは省いた。

＊ 指名委員会＆報酬監査設置，かつ委員長が社外取締役の場合1としている。

＊ 日本フォームサービスは社外取締役設置していない。

＊ キリンホールディングスは指名委員会と報酬委員会を合わせて指名・報酬委員会を設置している。

1	0	0	0	0	0	0	0
4	0	0	0	1	1	0	100
4	0	0	0	0	0	0	0
4	0	0	0	0	0	0	100
1	0	0	0	0	0	0	0
1	0	0	0	1	1	0	0
1	0 (非設置)	0	0	0	0	0	0
4	0	33	0	0	0	50	100
4	0	0	0	0	0	0	0
4	0	0	0	1	1	50	100
4	0	0	0	0	1	0	0
1	0	0	0	0	0	0	50

監査等委員会設置会社の不祥事一覧

不祥事企業名	不祥事内容	外国人株式保有比率	子会社数	従業員数	不正の規模（億）
電線大手のフジクラ	検査データを改ざん	10%から20%	100－300	1000	40
スルガ銀行	横領	10%から20%	10未満	1000	1.6
マツダ	リコール	30%以上	50－100	1000	400
電通	労基法違反，安衛法違反	10%から20%	300以上	1000	3
MTG（上海子会社）	不適切会計	10%未	10－50	1000	21

＊　2019年12月19日現在の年報，コーポレートガバナンス報告書を参考に電話取材などで筆者追加。

＊　電通，MTGは指名・報酬委員会設置していない。

＊　小数点第一位以下は切り捨て。

＊　監査委員会委員長が社外取締役かつ会計士である場合のみ1とした。

指名委員会等設置会社の不祥事一覧

不祥事企業名	不祥事内容	外国人株式保有比率	子会社数	従業員数	不正の規模（億）
ブリヂストンサイクル	リコール	20%から30%	100－300	1000	225
日産	金融商品取引法違反（有価証券報告書の虚偽記載）	30%以上	100－300	1000	24
スミダコーポレーション	金融商品取引法違反	10%から20%	10－50	1000	0.88
三菱マテリアル	製品データ改竄	20%から30%	100－300	1000	57
かんぽ生命	不適切販売	10%以下	10未満	1000	200
三菱電機（トーカン）	不正検査	30%以上	100－300	1000	1.2
三菱電機	労働基準法違反	30%以上	100－300	1000	1.2
日本郵政	料金別納郵便切手不正換金	10%から20%	100－300	1000	0.05

＊　監査委員会委員長が社外取締役かつ会計士である場合のみ1とした。

＊　指名委員会，報酬委員長が社外取締役ある場合1とし，それ以外は0とした。

＊　小数点第一位以下は切り捨て。

＊　2019年12月19日現在の年報，コーポレートガバナンス報告書を参考に電話取材などで筆者追加。

（外国人の株式保有比率，子会社数，会計士の比率など）

不正関与数 1：1人 2：2～5人 3：6～10人 4：10人以上	社外取締役に占める会計士の比率	独立社外取締役に占める会計士	監査委員会の社外取締役の比率	監査委員会委員長が社外取締役かつ会計士	任意の指名委員会の委員長が社外取締役	任意の報酬監査委員会の委員長が社外取締役
4	0	20	83	0	1	1
1	0	0	100	0	1	1
4	0	0	66	0	1	1
3	0	0	75	0	0	0
2	0	25	75	0	0	0

（外国人の株式保有比率，子会社数，会計士の比率など）

不正関与数 1：1人 2：2～5人 3：6～10人 4：10人以上	社外取締役に占める会計士の比率	独立社外取締役に占める会計士	監査委員会の社外取締役の比率	監査委員会委員長が社外取締役かつ会計士	指名委員会委員長が社外取締役	報酬監査委員会の委員長が社外取締役
4	0	12	62	0	1	1
4	0	0	80	0	1	1
1	0	14	100	1	1	1
4	0	0	60	0	1	1
4	0	0	75	0	1	1
3	0	20	60	0	1	0
1	0	20	60	0	1	0
1	0	0	80	0	1	1

著者紹介

柏木　理佳（かしわぎ　りか）

略歴：

豪州の大学修了後，米国外資系企業勤務後，香港，中国，シンガポールにてビジネスに携わる。豪州ボンド大学大学院にてMBA取得後，シンクタンク研究員を経て嘉悦大学准教授。

2015年，桜美林大学大学院博士号取得（学術）「中国民営企業における独立取締役の監査・監督機能－日中比較及び研修機関の役割の一考察」。博士論文では，多くの日中の社外取締役にヒアリングを実施。

2019年，城西国際大学大学院国際アドミニストレーション研究科准教授。現在に至る。

日本コーポレートガバナンスネットワーク（元全国社外取締役ネットワーク）準会員，桜美林大学北東アジア総合研究所客員研究員，NPO法人キャリアカウンセラー協会代表も兼任。

主な所属学会など：国際ビジネス研究学会，日本マネジメント学会，日本経営学会，経済社会学会，日本貿易学会，アジア市場経済学会，日本産業経済学会，経営行動研究学会。国土交通省道路協会有識者会議メンバー，日本道路協会道路会議第28回政策ディベートパネルディスカッションメンバー，日本キャリアデザイン学会広報委員なども兼任。日本を変えるプラチナウーマン46人（プラチナサライ・小学館）に選ばれる。嘉悦大学付属産業文化観光総合研究所主任研究員，実践女子大学大学院非常勤講師（経営組織論）を経て現職。

主な著書：

『日本の社外取締役制度－現状と今後』桜美林大学北東アジア総合研究所選書，2015年10月

『経済社会学の新しい地平』（共著）桜美林大学北東アジア総合研究所，2013年7月

『中国のグローバル化と経営管理』晃洋書房，2009年7月

『中国のしくみ』ナツメ社，2009年6月

著者との契約により検印省略

令和2年4月30日　初版第1刷発行

最近の企業不祥事
－不正をなくす社外取締役・監査役とは－

著　者　　柏　木　理　佳
発 行 者　　大　坪　克　行
製 版 所　　税経印刷株式会社
印 刷 所　　有限会社山吹印刷所
製 本 所　　株式会社三森製本所

発 行 所　〒161-0033 東京都新宿区　　株式　税務経理協会
　　　　　下落合2丁目5番13号　　　会社

振　替　00190-2-187408　　電話　（03）3953-3301（編集部）
ＦＡＸ　（03）3565-3391　　　　　　（03）3953-3325（営業部）
URL　http://www.zeikei.co.jp/
乱丁・落丁の場合は，お取替えいたします。

ISBN978-4-419-06696-3　C3034